魅力口才与演讲的艺术

How to Develop Self-Confidence and Influence People by Public Speaking

畅销3版

[美] 戴尔 · 卡耐基（Dale Carnegie）/ 著
曹顺发　高　楠 / 译

中国法制出版社
CHINA LEGAL PUBLISHING HOUSE

前言

戴尔·卡耐基是20世纪著名的心灵导师和人际关系学大师，他的《人性的弱点》(*How To Win Friends and Influence People*)迄今为止仍是畅销的书籍之一，带给了他广泛的声誉。但《人性的弱点》并非戴尔·卡耐基的第一部作品。

早在1912年，戴尔·卡耐基就写过一本书，名为《公众演讲及其对商界人士的影响》(*Public Speaking and Influencing Men in Business*)。这是一本有关公众演讲的书，长期是“卡耐基有效沟通与交际”课程的官方用书，其精装版累计销量已逾100万册。此外，该书还被译成20多种语言，在海外发行、销售了数万本。即使如此，这本书仍未得到读者应有的重视。

不久前，联合出版社的出版商与我联系时提到，如果将我丈夫生前的第一部作品以袖珍本的形式编辑再版，说不定会大受欢迎。他们觉得该书对人们的日常生活提出了许多有价值的观点，对此我深表认同。如今，戴尔·卡耐基的人生哲学已传播至世界各地，共有100多万名学员参加过戴尔·卡耐基课程的培训。这门课程旨在挖掘人的潜力，从而让他们保持一种勇于探索、乐观充实的生活态度。

《魅力口才与演讲的艺术》这本口袋书是应广大读者的要求编辑再版的。书中不乏智慧箴言，让许多学员受益匪浅、梦想成真。数月以来，我重拾此书，且认真地阅读了一遍，发现其中竟然包含着那么多战胜恐惧、建立自信的办法。此外，书中还配有很多实战技巧和建议，可以帮助读者有效地进行沟通。

我衷心希望，本书的新读者能够跟30年来参加戴尔·卡耐基课程培训的学员一样从中获益。

多萝西·卡耐基

目　录

第一章

鼓起勇气　建立自信

自 1912 年以来，已有 50 多万学员参与过我开设的有关公众演讲培训课程。其中一些人还就为什么会报名参加这类课程，以及期待达到的效果做过书面说明。当然，他们的措辞不尽相同，但来信中所表达的核心期待及基本欠缺却是惊人的统一。接二连三的人在来信中写道："一被要求起身发言，我就感到非常紧张、恐惧，以至思绪混乱、无法集中精神、记不清之前想要表达的话。我想获得自信、镇定，以及独立思考的能力。在生意场上、俱乐部里或是在公众面前，我希望逻辑严密，组织好自己的思绪，继而清晰且令人信服地表达出来。"成千上万的来信内容大致都是如此。

举个实际的例证吧。多年前，有一位 D.W. 根特先生参加了我在费城举办的公众演讲课程。开课不久后，他邀请我到"制造商俱乐部"共进午餐。根特先生人近中年，生活态度乐观，拥有自己的制造企业，还是教会工作及公民活动的领导者。在当天的饭桌上，他靠着餐桌说："我曾多次应邀在各种不同的场合讲话，但从没讲好过。面对公众，我就莫名地焦虑，脑子里一团糨糊，所以我一生都在极力回避演讲之类的事。但我现在已是大学董事会主席，必须主持会议并发言……您认为我在这个年龄还能学会演讲吗？"

“我认为吗，根特先生？”我回答道，“这可不是我认为的问题。我知道你能行，我知道你可以，只要你愿意练习，同时遵循那些方法。”

他乐于相信我说的话，可似乎觉得那些话过于乐观。“恐怕您只是出于善意，”他回答道，“才刻意鼓励我的吧。”

当他结束整个培训之后，我们便失去了联系。后来，我们再次相聚在“制造商俱乐部”，还共进了午餐。我俩还是坐在第一次见面的那个角落，用的还是那张餐桌。在提到我俩上次的谈话时，我问他是否还认为我当初太过乐观，他从自己的口袋里掏出一个红色封底的笔记本，让我看了看他曾记录的那些演讲及日期。“有能力去做这些演讲，以及为社区做出自己的努力，”他坦陈，“我从中获得的快乐无疑是我一生中最满足的事情之一。”

我俩相遇之前不久，华盛顿召开了一次非常重要的裁军会议。当得知英国首相计划出席此次会议时，费城的浸信会教徒给他拍去电报，邀请他前往他们所在的城市，并在即将举行的一场大型群众集会上做演讲。根特先生告诉我，他本人被该市的浸信会教徒推选，向听众介绍首相。

然而，就在两年多之前，这个人还跟我同坐一张餐桌，非常严肃地问过我他有无做公众演讲的能力。

此人演讲能力的神速进步是不是不可思议呢？没什么不可思议的。类似的例子成百上千。譬如，数年前，来自布鲁克林的一位内科医生，这里姑且称其为柯蒂斯医生，在佛罗里达州巨人队训练场附近过冬。作为一名热情的棒球迷，他经常去看巨人队的训练。随着时间的推移，他和那些队员便熟悉了起来，甚至还应邀前去参加他们的庆功宴。

当咖啡和坚果送上餐桌，几位嘉宾被逐一邀请讲话，突然，在一阵雷鸣般的掌声之后，柯蒂斯医生听到宴会主持人说：“今晚，在座嘉宾中有一位内科医生。我打算请他就棒球运动员的保健问题谈谈他的高见。”

柯蒂斯医生有这方面的准备吗？那是当然。他在该领域的发言权毋庸置疑：此人研究卫生学并行医 30 余年。他大可以在饭桌上与其邻座滔滔不绝地聊一整晚。不过，要起身，哪怕是跟寥寥数人说上几句同样的话，那就另当别论了。做演讲这事简直要命。一想到讲话这事儿，柯蒂斯医生就心跳急剧加速、惴惴不安起来。此前他从未做过任何公众演讲，而此时此刻，他脑子里的任何想法，都如鸟儿展翅，迅疾飞得不知去向。

他该怎么办呢？每位听众都在一个劲儿地鼓掌。所有人的目光都聚集在他的身上。柯蒂斯医生摇了摇头以示拒绝，可这反而让掌声愈加热烈，愈加让听众期待他的演讲。“柯蒂斯医生！讲几句！讲几句！”的呼声愈加响亮、紧迫。

柯蒂斯医生陷入进退两难之境。他深知自己如果站起身来，也讲不了几句，结果必然以失败告终。他起身，二话没说，转身背对那些朋友，继而默默地离开了现场。当时的他一定觉得尴尬无比，甚至颜面扫地。

难怪回到布鲁克林之后，柯蒂斯医生最先做的几件事之一，就是报名参加我开设的公众演讲课程。他不想再有被弄得面红耳赤、哑口无言的时候。

柯蒂斯医生便是那种让老师非常高兴的学员：他学习起来认真到了极点；他非常想提高自己的演讲能力，就实现其愿望而言，他一心一意；他每次都悉心准备自己的演讲稿，每次都以顽强的毅力不断地练习，从来没有旷课或者缺席的现象。

他严格按照一名好学之人的习惯去做每一件该做的事。他进步的速度之快，大大超出了他本人的预期。上过几次课后，他演讲的那种紧张感已经降低，自信心逐渐增强。两个月下来，他俨然成为其所在小组的“明星发言人”。不久之后，他便收到前往各地演讲的邀请，并四处奔波起来。现在的他很享受演讲带来的那种感觉和愉悦，外加演讲带来的荣誉，也因此结识了众多的朋友。

纽约市共和党竞选委员会有一名成员，在听过柯蒂斯医生的一场公共演讲后，便诚邀他前去为其党派做一次巡回演讲。试想，那名政治家要是知道其邀请的演说家在一年之前的一场公共晚宴上还因为怯场而说不出话来，并在羞愧和慌乱中落荒而逃，他会是何等的惊讶！

在公众演讲时建立自信和勇气，以及面对公众时不乏沉着且清晰思考的能力，多数人认为如登天一样难，其实那难度顶多占完成一次成功演讲的难度的十分之一。它并不是极少数受上天眷顾的宠儿才能享有的天赋。对于公众演讲，只要有足够强烈的愿望，任何人都能将其潜在的能力开发出来。

坐着的时候思维敏捷，站起身来脑子却不听使唤，其中难道真有什么玄机吗？当然没有。事实上，在面对听众之前，你应该思考到位；听众的到来应该激发你的斗志，让你兴奋起来。多数演说家认为面前的听众是一种刺激，是一种灵感，能使演讲者的头脑更加清晰、敏捷。正如演说家亨利·沃德·比彻所言，演讲者当时还没有想法、事实，观念会如“袅袅青烟飘然而至”。演讲者需要做的就是伸出双手抓住它们，趁热打铁。这应该成为你的一种体验。只要你不停地训练，且持之以恒，你就会拥有类似的经验。

说了这么多，你可能百分百地确信这一点：勤学苦练可以消磨你的“听众恐惧症”，同时给你带来自信心以及永不衰竭的勇气。

不要以为自己是个特例，你的演讲会难得非同一般。就连那些日后成为其同代人中最为雄辩的演说家，在其演讲生涯之初也曾被这种盲目的恐惧和自我意识所困扰。

美国前国务卿威廉·詹宁斯·布莱恩，尽管曾是一名久经沙场的老兵，但他也不得不承认自己前几次进行公开演讲时，吓得两腿发抖。

在首次做讲座时，马克·吐温感觉自己嘴里像塞了一团棉花，心跳快得如同直冲领奖台领奖一般。

“南北战争”中的格兰特将军曾统率过当时世界上最强大的军队之一，取得过维克斯堡战役的胜利。然而，当他尝试发表演讲时，他也承认心里有某种感觉，如同患上了骨髓痨[①]。

作为其所处时代最有影响力的法国政治演说家，尚·饶勒斯在鼓足勇气完成自己的首次演讲之前，也因不知怎样演讲而在下议院张口结舌地呆坐了一年之久。

“在我第一次尝试做公开演讲时，”英国前首相劳合·乔治承认道，“我不妨直说，我当时简直难受到了极点。演说词里没有半点儿修辞，全是大白话，舌头不听使唤，刚开始连一个字都蹦不出来。”

在美国“南北战争”中，英国杰出的演说家约翰·布莱特曾在国内竭力支持美国统一及其废奴事业。他曾在某校的教学楼前，面对一群听众发表了自己身为议员的首次演讲。在前往演讲的路上，由于他非常担心自己会搞砸，于是恳求随行的那名同伴，说只要看到他演说时出现任何紧张的迹象，就立即鼓掌给他打气。

面对人生的第一次演讲，爱尔兰的领袖查尔斯·斯图亚特·帕内尔也很紧张，据他的兄弟证实，他紧握双拳，到最后指甲掐进了掌心的肉里，并流出鲜血。

英国政治家迪斯雷利也承认，与其在下议院做那场首次演讲，他宁愿统率一支骑兵冲锋陷阵。他的开幕词简直失败得一塌糊涂。英国作家谢里丹的首次演讲也是如此。

事实上，正因为众多声名显赫的演说家都在自己的首场演讲中有过欠佳的表现，所以时下的议员们都有同感，那就是：年轻人首次演讲中出现的不祥之兆，会助他走上成功之道。所以，鼓起勇气吧。

回顾众多著名演说家的生涯之后，看到一名学员在演讲之初总略显忐忑不

① 实际应为脊髓痨，即Abadie氏综合征，此处用来比喻那种羞怯感。——编者注

安且紧张激动时，我深感欣慰。

即使是在只有二十来人参加的小型商务会议场合，也应当有些许演讲的样子。发表演讲的人应该会有纯种马刚上嚼子的那种紧张感。两千年前，西塞罗就曾说过："一切真正有价值的公众演讲都以紧张为特质。"

即使是在电台发表演讲，演说家们同样会有类似的感觉，这就是所谓的"麦克风恐惧症"。查理·卓别林的名声虽然早已家喻户晓，但在发表电台演讲时，他总是将自己演说的内容全部写在纸上。早在1912年，卓别林就巡演全国，在美国演出了一部名为《音乐厅之夜》的幽默短剧。在此之前，他一直在英国出演正统戏剧。然而，当他走进直播间面对麦克风时，他感觉自己的胃里翻江倒海，就像在风起浪涌的二月横渡大西洋一样。

著名动作影星兼导演詹姆斯·科克伍德也有类似的经历。他曾是讲坛上耀眼的明星，然而，当他面对看不见的听众做完演讲走出播音室时，却在不停地抹去额前的汗珠。"相比之下，"他承认道，"参加百老汇的首映式可谓小事一桩。"

很多人，不管他们有多少演讲经历，每次登台前难免都会产生这种自我意识。但是，当他们起身适应几秒后，这种感觉就会随之消失。

就连林肯在做开场白时也有怯场之感。"林肯在演讲之前通常会感到无所适从，"林肯律师事务所的合伙人赫恩登如是说，"适应其周围环境，对他来说似乎是件力气活儿。在明显的自信心不足以及神经过敏的影响下，他会纠结好一阵子。每每见到这种情形，我都打心底里同情林肯先生。演讲伊始，他的声音听起来尖锐且令人很不舒服。整个人的行动方式、说话态度、面色黝黑枯黄、满脸皱纹、声音枯燥、站姿古怪、怯场举动等——这一切似乎都对他不利，但这种情形仅持续那么一小会儿。数分钟之后，他便镇定自若，热情洋溢、诚挚无限，这时，他的演讲才算正式开始。"

你的经历或许也跟他们一样吧？那么究竟怎样才能最大限度地发挥出自己的才能，继而成为一名优秀的公众演讲者呢？要迅速且高效地达到这一目的，以下 4 个基本要素至关重要。

强烈而持久的愿望

这一点远比你本人能意识到的更为重要。如果一名导师能看透你的心思，并确信你各种想法的深度，那他几乎可以准确地预测你进步的速度。换言之，如果你内心的渴望苍白无力，那你所取得的成就亦不过尔耳。但如果你持之以恒，追求自己的目标，并拿出斗牛犬逮猫的架势，天底下则没有什么事情能令你望而却步。

所以，唤醒你的自学热情吧。不妨思索一下，额外的自信心以及在公众场合发表更具说服力的演讲对你来说意味着什么；从财富的角度思索一下，公众演讲对你来说可能意味着什么、应该意味着什么；从社交的角度思索一下，公众演讲能力对你来说意味着什么，想想这一能力给你带来的朋友、威望和领导能力。公众演讲给你带来的领导能力的进步，远比你能想象到的其他任何活动都更为神速。

政治家昌西 · M. 迪普曾说过："对于有志于快速成就其事业且获得认可之人而言，没有任何其他技能比动人心弦的演讲能力更为高效。"

在投资成功之后，菲利普 · D. 阿穆尔曾说过："我宁愿成为一名伟大的演说家，而不是一名伟大的投资家。"

大部分人都非常渴望具有公共演讲的才能。在钢铁大王安德鲁 · 卡耐基去世之后，人们在他的大量文件中发现了他在33岁时拟定的人生规划。当时，他觉得再打理两年生意，就可以让自己的年收入达到50万美元。这样一来，他打算在35岁时退休，去牛津大学完成学业，继而“专门致力于公众演讲”。

不妨思索一下，运用这一新获取的演讲才能会产生的满足及快乐感吧！我去过世界上不少地方，自然也积累了各种各样的阅历。要不是那种畅快淋漓且经久不衰的满足感，我还真想不出有多少事，比得上站在听众面前，让他们跟着你一起思考。只有演讲才会给你一种力量感，它会激发你的个人成就感，让你超凡脱俗、卓尔不群。演讲才能蕴含着无穷的魔力，一种永不磨灭的刺激感。“演讲前两分钟，”一位演说家说道，“我宁愿被狠狠地抽几下也不愿开口，但在结束前的两分钟里，我宁愿遭到枪击也不愿闭口。”

在每一项事业中，总会有一些人因怯懦胆寒，最终半途而废。因此你应该经常思考这门技能对你来说意味着什么，直到你的渴望白热化。你应始终带着旺盛的热情去进行演讲训练，直至昂然走向成功之时。抽出一周的某个晚上来读读这几章。简而言之，尽力轻松前行，决不轻言放弃。

当年，尤里乌斯·恺撒乘船从高卢渡过英吉利海峡，率领千军万马在今天的英格兰登陆。为了确保胜利，他曾做过什么事呢？一件一目了然的事：他让自己的士兵们驻扎在多佛的悬崖边上。那些士兵望着60多米崖下的波涛汹涌，看到了他们跨越海峡时的船只被熊熊的火舌逐一吞没。身处敌境，而与欧洲大陆的最后一丝联系——撤退——化为灰烬，那他们只有一件事可做：进攻且征服。而他们后来做的也正是这事。

这就是不朽的恺撒大帝精神。那么在这场为消灭可笑的“听众恐惧症”进行的战役中，你为何就没有那种破釜沉舟的精神呢？

充分了解将要演讲的内容

一个人在演讲之前，除非他已充分考虑并策划好自己要演讲的内容，那么他在面对听众时不可能有运用自如之感。所以在这种情况下，演讲者就理应对自己的疏忽有一种自我意识，并为自己的疏忽感到懊悔。

“1881年秋，我入选立法机关，”西奥多·罗斯福在其自传里写道，“并发现自己是该部门中最年轻的一个。跟所有年轻人和新出道者一样，我在发言时遇到了不少麻烦。后来，一名头脑冷静的老乡绅的一席话让我获益匪浅。他在无意间引述了威灵顿公爵的名言。当然，威灵顿公爵也是从别人那里引述过来的。那句名言是：‘无言别起身，言毕即坐下。’”

就克服紧张情绪这一点而言，那位“头脑冷静的老乡绅”本可以再向罗斯福进一言。他本可以补充道：“在面对自己的听众时，如果你能找点事做，譬如展示一件物品、在黑板上写点什么、在地图上指个位置、挪动一下桌子、打开窗户、翻动书本等，所有这些努力都有助于你摆脱演讲时的尴尬处境。”

当然，这种方法并非万全之策，得视情况而定。我这里有个建议：必要时不妨用一用，但仅限于起初几次。小孩一旦学会了走路，就不用再抓住椅子，演讲者也一样。

充满自信

美国知名心理学家威廉·詹姆斯教授曾如是写道：

> 行为似乎随情绪出现，但事实上二者是同步的。通过调节直接受意志支配的行为，我们还可以间接调节不受意志支配的情绪。这样一来，如果我们自发的快乐已不复存在，那么通向快乐的至尊路径就是，快乐地坐着，做出有说有笑的姿态。如果这招不灵验，那就别无他法了。因此，想要有勇敢的感觉，就展现出我们的勇敢姿态，并为那一目的而动用我们所有的意志，勇敢就会战胜恐惧。

不妨将威廉·詹姆斯教授的观点运用于实践中。若要在听众面前拓展自己的勇气，那就必须做出有勇气的样子。当然，若无预先准备，那么在世人面前装模作样也无济于事。假如你对演讲内容已了然于胸，那就不妨轻快地登台，做一次深呼吸。事实上，在面对听众之前你应该深呼吸 30 秒，体内含氧量的增加能让你倍感精神，并带来勇气。波兰男高音歌唱家让·德雷什克曾说，当你气息充足时，那么你就“可以坐在上面”，紧张感也会随之消失。

在不同的历史时期，在不同的地方，人类都崇尚勇气。因此，无论你内心深处如何波涛汹涌，你都应昂首挺胸、大步向前，站在台上岿然不动，同时展现出你对演讲的无限热爱。

挺直腰板，直视听众，然后信心十足地开始讲话。

不要反复折腾衣扣，也不要拨弄手中的珠子，或者用手在身上挠来挠去。如果你必须做一点儿缓解紧张的动作，不妨把手背在身后，揉一揉手指，这样也不会被人看见——或者转动一下双脚的指头也行。

一般来说，演讲者不宜躲藏在摆设物之后。在前几次演讲时，如果身前有桌子或者椅子——或者手心里握一枚硬币——你在紧张时便有所倚靠，这或许能给你自己壮壮胆。

西奥多·罗斯福是如何培养出自己那颇有特点的勇气和自信心的呢？难道他具备与生俱来的冒险精神且胆识过人吗？根本没那么一回事儿。“我本人自幼弱不禁风且笨嘴拙舌，”他在自传里如是承认，“在青年时期，我起初也非常紧张且对自己的能力毫无信心，所以只得勤加苦练，不仅要强健体魄，还要磨炼个人意志。”

幸运的是，罗斯福还告诉我们他是如何实现转变的。“当我还是个少年时，”他写道，“我曾拜读过马里亚特所著的某书中的一段，其内容给我留下了非常深刻的印象。在那一段中，某英国军舰的舰长向那名主人公提及如何获取胆识过人的本领。他说，刚上战场时，几乎人人都非常害怕，但接下来要做的事就是，人人都得把控好自己的情绪，装出一副毫无畏惧的样子，长此以往，你就从装着不怕变成了真的不怕。事实上，通过持续练习胆量，人人都可以变得胆大无畏起来（这句话是我的转述，并非马里亚特的原话）。”

西奥多·罗斯福继续写道：“这就是我所遵循的理论依据。一开始，我对什么东西都害怕，大灰熊、‘烈’马以及枪手等，不过，通过不断地练习上述方法，我渐渐地不再害怕。只要愿意这么做，绝大部分人都能达到同样的效果。”

只要你愿意，你也可以跟西奥多·罗斯福一样战胜恐惧。“战争中，”福煦元帅如是说，“最好的防御就是进攻。”所以，向你的恐惧发起进攻吧。只要有机会，就凭着你的无畏去迎战它、打败它、征服它。

想好报文，接下来把自己当作一名西部联盟电报公司的发报员，我们不会在意谁在发报，我们关心的是电报本身。报文才是第一要务。用心记住报文，把它熟记于心。衷心地相信报文。紧接着，按照你决定要讲的内容进行演说。就那样做，你十有八九会渐入佳境，成为现场的主人和自己的主人。

练习！练习！再练习！

我最后想说的一点无疑是最重要的一点。即便你把前文谈到的几点都忘了，但请务必牢记这一点：这方法，那方法，自信才是战无不胜的方法。事实上，整个这事儿归纳起来也就一个基本点：练习！练习！再练习！这是至关重要或者说不可或缺的必要条件。

“任何演讲新手，”罗斯福曾提醒道，“都容易染上‘猎鹿紧张症’。所谓‘猎鹿紧张症’，即一种强烈的神经兴奋状态，这跟胆怯可能没有太大关系。但是，首次面对一大群听众的演讲者可能产生的反应，跟首次见到公鹿或者上战场没什么区别。演讲者这时缺少的不是勇气，而是自我控制以及沉着冷静。想要获得这种能力，唯一的途径只能是练习。演讲者必须通过对自我克制进行反复性或习惯性的不断练习，方可让自己紧张的情绪得到完全控制。从某种意义上讲，这是一个不断努力、反复磨炼意志的过程，最终会让自己养成一种习惯。”

你想摆脱“听众恐惧症”吗？我们不妨来看一看导致这一点的原因。

“恐惧来源于未知及不确定。”罗宾逊教授在其《意识的形成》一书中讲道。换言之：恐惧产生于自信的缺乏。

那么，自信的缺乏又是因为什么呢？这是因为你对自己能做的事缺乏认知，而缺乏认知又是因经验匮乏而起。当你积攒了一定的成功经验之后，你所有的恐惧自然会消失得无影无踪，好比七月的阳光会驱散重重的夜雾一样。

有一点是确信无疑的：人们皆认同的学游泳的方式，就是必须下到水里。这本书你也读了有一阵子了，那为什么不暂时把它放下，去做点儿实际练习呢？

选好一个题目，最好是你比较熟悉的题目，然后构建一个长达3分钟的演讲，一个人多练几遍。如果可能的话，有针对性地找来一些听众，或者你的朋友，然后竭尽所能地展示你自己吧！

小 结

1. 几千名学生都曾致信本书作者，并陈述他们希望接受公共演讲训练的理由以及对这门课程的期待。差不多所有人给出的理由都是如此：他们想克服紧张情绪，独立思考，以自信且轻松的方式演讲，不论自己面前有多少听众。

2. 要获取这种能力，其实并不困难。演讲的能力并非只是少数人的天赋。只要立志于学习演讲，不管是谁，都能将其潜在的能力开发出来。

3. 许多经验丰富的演说者跟众人交流，往往比跟一个人交流时思维更为敏捷、表达更为流畅。对他们来说，听众亲临现场是一种刺激，也是一种灵感。如果你能严格按照本书的建议去做，你会有相同的体验，且在不久的将来还能体会到演讲带来的美好感受。

4. 不要把自己想象成某种特殊情况。许多后来成为杰出演说家之人，他们在其生涯之初都曾为那种自我意识所困，大多也被“听众恐惧症”吓倒过。这就是布莱恩、尚·饶勒斯、劳合·乔治、查尔斯·斯图亚特·帕内尔、约翰·布莱特、迪斯雷利、谢里丹以及其他许多伟大演说家的经历。

5. 无论你有多么丰富的演讲经验，你总会在演讲开始前感受到这种自我意识，但这种感觉会伴随演讲的进程快速彻底地消退。

6. 为了尽可能地从此书中多获益，并快速而有效地掌握公众演讲的能力，请遵从以下 4 点建议：

（1）从强烈而持续的欲望入手。罗列出演讲训练可带给你的各种益处。激发起你自己对演讲的热情。想想演讲在经济、社交、个人影响以及领导才能方面能够为你带来的种种益处。牢记，欲望的程度决定你进步的速度。

（2）精心准备。你只有对演讲的内容熟记于心，方能获得极大的自信。

（3）表现出自信。“要想变得勇敢，”威廉·詹姆斯教授建议，“那我们就要表现出非常勇敢的模样，用勇敢的意志去战胜恐惧。”西奥多·罗斯福告诉我们，他曾对许多事物都抱有畏惧心理，但用这种方法练习之后，他就战胜了这些恐惧。

（4）勤加练习。这一点至关重要。恐惧源于自信的缺乏；自信不足则是因为缺乏对自身能力的有效认知；而缺乏认知则是由经验不足引起的。当你积攒了成功的经验之后，恐惧自然会消失得无影无踪。

第二章
精心准备　赢得自信

从 1912 年以来，我每年都会听大约 6 000 场演讲并做出点评。对我而言，这既是职责所在，也是乐趣使然。演讲者中有大学生，也有成功商人和专业人士。要说这些经历让我感触最深的，那一定是：演讲前必须对自己打算讲的内容做到心中有数、胸有成竹，打算讲的内容要能打动自己，让自己有种不吐不快之感。当你察觉演讲者发自肺腑地想将自己内心的所思所想与你分享时，难道你还能不被其吸引吗？能做到这一点，演讲便成功了一半。

当演讲者达到这样一种境界时，他就会发现这一事实：他的演讲不再是一种约束和负担，而是如行云流水般呼之欲出。因此，经过精心准备的演讲十之八九都会成功。

正如本书第一章中所提到的那样，大多数人想要接受演讲训练的主要原因是想借此获得勇气、建立自信，继而获得自立。但很多人不约而同犯的致命错误是：忽视了为自己的演讲做好准备工作。带着潮湿的火药以及空弹壳上战场，想要征服“恐惧”这一强大的军团以及“紧张”这支了不得的装甲部队谈何容易？在这样毫无准备的情况下，听众感到不自在也就不足为奇了。“我认为，”曾入主白宫的林肯说过，“在自己不知说什么时还能怡然自得地发表演讲，我永远都不可能老练到那种程度。”

想要建立自信，为何不先把该做的事情做好呢？“完美的爱，”传教士约翰曾写道，“就是战胜恐惧。”完美的准备同样如此。著名演说家韦伯曾说，未做精心的准备便登台演讲，感觉就像是在听众面前穿着破衣烂衫一样。

我们为什么不把自己的演讲做得更加细致一些？原因何在？有些人既不知道该准备什么，也不知道怎么准备；其他人则总以没时间为借口。因此，针对这些问题，我们将在本章进行充分的讨论。

恰当的演讲准备方式

演讲的准备究竟是怎么一回事？读读书？这只是其中的一种方式，但并非最佳途径。开卷自然有益，但如果你试图把“装在”书中的观点据为己有，再信手拈来传递出去，那你的演讲总会缺少点儿东西。听众可能未必知道到底缺什么，但他们不会随着演讲者的兴致而激动起来。

举个例子：前一阵子，我曾针对纽约城市银行的高管办过一个公众演讲课程。可想而知，这些学员的时间非常宝贵，因而都觉得很难准备充分，或者很难按自己的理解做准备。殊不知，这些人在生活中都有各自鲜明的思维方式，并形成了自己独特的判断，而他们看待事物的视角也不尽相同，生活阅历迥然各异。所以，他们花了 40 多年积累自己的演讲素材。然而，他们中的一些人却很少意识到这一点。这无异于“只见树木，不见森林”。

这组学员每个星期五晚 5 点到 7 点一起上课。有一个星期五，某位市区分行的高管——为了方便起见就称其为杰克逊先生吧——发现那时已是下午 4

点 30 分了。他准备讲点儿什么呢？他走出办公室，在报亭里买了本《福布斯》杂志，然后乘地铁前往培训地点——联邦储蓄银行。在地铁里，他读到了一篇标题为《你成功的时限仅有 10 年》的文章。他阅读这篇文章，并非因为他对该文特别感兴趣，而是由于他在培训课上必须说点儿什么，说什么都可以，反正总得找点儿东西来填充自己的时间。

一小时之后，他站起身来，试图以令人信服且风趣幽默的演讲来讨论该文的内容。当然，结果是什么可想而知。他对试图表述的内容没来得及消化、吸收。准确地说就是"试图表述"。他不停地尝试，却不见谈出真正的信息，这一点从他的言行当中已经暴露无遗。演讲内容连他自己都打动不了，又怎么指望去打动自己的听众呢？演讲时，他不停地引述文章作者的观点，诸如作者这样认为、那样认为等，整个过程充斥着《福布斯》的观点，完全不见半点儿他自己的东西。

于是我跟他这样说道："杰克逊先生，我们对写这篇文章的作者不感兴趣。他本人不在现场。我们也见不着他。我们感兴趣的是你以及你自己的观点。你应该告诉我们你本人怎么看，而不是别人怎么说。请多给我们一些'杰克逊先生'的想法。何不在下个星期就这个题目再做一次演讲？何不重新读读这篇文章，然后问问自己是否赞成那位作者的观点？如果你赞同他的观点，不妨想一想他给出的建议，并用你自己的生活阅历去进行一番阐述。若是不认可他的观点，那你不妨直说，并告诉我们你为什么不认可。就让这篇文章作为你演讲的出发点。"

杰克逊先生接受了我的建议，他又重读了一遍，结果发现作者的观点与自己的完全背道而驰。所以，他没有再像之前那样坐在地铁上按部就班地准备自己的下一次演讲，而是让其在自己的脑子里孕育而生，并且茁壮成长，就像自己一直陪伴在儿女左右，却不曾发觉恍惚间他们已经长大成人。看报时，某个想法会灵光乍现；与友人交谈时，某个案例会不期而至。一周里，只要有片刻时间，他就反复琢磨这个话题，渐渐地，内容越来越丰富、越来越翔实。

再讲这个话题时，他已经有了自己的观点，这些都是他从自己的思想宝库里挖掘出的宝贵财富。他没有再盲从作者的观点，所以表现得比上次好了许多。没有什么比辩论更能激起人的兴趣。同一个话题，同一个演讲者，前后不超过两周却出现了迥然不同的两次演讲。这也太神奇了，不是吗？所以，恰当的准备的确会带来显著的变化！

此处我再引述另一个例子来说明演讲准备工作的事项和禁忌。有一位先生在华盛顿学习公众演讲课程，此处我们称他为弗林先生。一天下午，他演讲的话题是赞美首都。在演讲之前，他匆匆忙忙地浏览了一家报社发行的宣传册，并从中收集了一些素材，结果整场演讲听来让人觉得生硬死板、毫无逻辑，而且一听就知道是在生搬硬套。而在演讲过程中他流露了太多情感。因为内容空泛，通篇平铺直叙、索然无味，所以弗林先生自己也感觉这个演讲没有太多实质意义。

万无一失的演讲

两周后发生的一件事让弗林先生深受触动：他停在某公共车库的车被盗了。他迅速报警并悬赏寻车，但一切都是徒劳。在这种情况下，警方表示无能为力。然而，仅仅在一个星期之前，华盛顿的这些警察还拿着粉笔在大街上给他开了张罚单，原因是弗林先生在街边泊车超过了 15 分钟。这些警察因“罚单业务”太过繁忙而无暇兼顾破案，这让弗林先生愤怒至极。他觉得自己有话要说，这些话不是从报社发行的小册子上套来的，而是源于他对自己亲身经历的感悟。亲身经历，这是作为社会人必不可少的一部分，它既能唤起真情实感，又能助人树立信念。在之前赞美首都华盛顿的演讲中，弗林先生是吞吞吐吐地“挤牙膏”，而现在，他直抒胸臆，对警察的谴责之词就像维苏威火山爆发一般喷涌而出。这种演讲非常简单，而且万无一失，你要做的仅是把对亲身经历的反思表述一遍而已。

什么才是真正的演讲准备

演讲准备是不是指把一些华丽优美的辞藻拼凑在一起，然后写下来或者背下来？绝非如此。那么是不是把一些连你自己都觉得言之无物的想法杂糅一下就叫准备呢？也不是。你要做的准备是把自己的想法、观点、论断以及期望结合起来。你生命中的每一天都会与之不期而遇，甚至在你入睡后它们也会出现。生活处处都是感悟和体验，它们深藏于你的潜意识中，就像沙砾铺满整个海滩一般，取之不尽、用之不竭。所谓准备，其实是在深思熟虑后，把最吸引你的那些片段抛光、打磨一番，最后组成一幅属于你的画卷。这计划听起来挺简单的，对吧？只要全神贯注地思考一下即可。

美国布道家德怀特·L. 穆迪的演讲曾创造了宗教界的历史，那么他是怎么准备的呢？对此，他回答道：

> 其实我并没有什么诀窍。当我选定一个话题，我会把它写在一个大信封上，这样的信封我有很多。当我读书时发现了跟话题相关的信息，我就

会把它塞进对应的信封里，放上一年半载。当我准备新的演讲时，我把信封里的东西全部拿出来，再加上自己一段时间思考的成果，这样演讲的素材便绰绰有余了，每次演讲时，我再对所有材料略加整合删减，这样内容就不会老套过时了。

布朗院长的高见

在耶鲁神学院100年庆典之际，院长查尔斯·雷诺兹·布朗博士举办了有关布道艺术的系列演讲。这些演讲已经收录成册，由纽约麦克米伦公司出版发行。30多年来，布朗博士每周都要准备演讲，或是做演讲培训，所以他可以带给我们许多睿智的建议。那么此处我便引述几段布朗博士的话：

像酿酒一般酝酿你的题目和讲稿，直至它们散发醇香。这样，你脑子里的想法便会如雨后春笋一般涌现。这个过程持续时间越长越好，不要临时抱佛脚。如果一名牧师能将某个话题反复琢磨一个月，或是半年，甚至一整年，那么最初朦胧的一点儿想法必然会开枝散叶，长成参天大树。他可以在散步时冥想，也可以在乘车时思考，甚至在昏昏欲睡时也能有所收获。

的确，挑灯夜思对牧师来说当然也是可行的，但最好还是不要有这样的习惯——讲坛毕竟是传经布道的神圣场所，万一在上面睡着了还是有伤大雅……话虽如此，有时候为了记住一些不期而至的想法，我也不得不在深夜披衣而起，把它们写在纸上。

当你着手为某个布道收集材料时，把与话题和讲稿相关的所有素材都记录在案，把你在参考资料里看到的相关信息全部摘录下来，把脑子里闪过的念头都转换成文字。

只需要只言片语勾勒出你的观点即可，然后在脑子里不断丰富完善，要有一种灵感“稍纵即逝，永不再来”的紧迫感，如此一来，你的脑子里就会不断涌现出更多新颖、独创的想法。

记下属于你自己的思想。它们对你思维的拓展作用远胜于珠宝钻石、真金白银。你可以写在小卡片上，也可以选择用过的信纸、破损的信封，甚至是废纸——只要能写的纸都可以，这比用干净整洁的空白稿纸要好得多。这么做不仅经济环保，当你对散乱的材料进行整理归档时，你会感到更方便。

把随时记录的习惯保持下去，同时一直思考这一问题。这一过程，你也不必操之过急，毕竟这是你最为重要的精神劳作，慢工才能出细活。这个方法能带给你真正的创造力。

你会发现，无论是你最喜欢的，还是最能打动人心的布道往往源自你的内心世界，与你骨肉相连，是你精神劳作的果实，是你创造力的产物。而那些断章取义、刻意杜撰的布道总是难逃“抄袭”“炒冷饭”的嫌疑。真正的布道源自布道者对生活的激情，它们蓬勃有力，直击人心。

林肯准备演讲的方法

想知道美国前总统林肯是如何准备演讲的吗？笔者倒是略知一二。当你读

至此处时，你会发现布朗博士大力推崇的一些方法，事实上林肯早在70年前就已经使用了。林肯在一次著名的演讲中曾预言：“‘同室分裂，不战自灭’；‘我坚信本政府不可能永远忍受半奴隶制以及半自由制。’”这篇演讲词是林肯在日常生活中思索得到的：吃饭的时候在想，散步的时候在想，挤牛奶的时候在想，甚至连去肉铺、杂货店买东西的时候都在想。他披着一条旧围巾，胳膊上挎着篮子，小儿子在身旁叽叽喳喳、喋喋不休地发问，发现爸爸心不在焉，还气恼地拉扯父亲瘦骨嶙峋的手，试图让他做出回应，但这一切全是徒劳。林肯沉浸在自己的世界里，丝毫不为所动，脑子里满是演讲的内容，好像忘记了自己孩子的存在。

在思索过程中，林肯总会不时地做些记录，哪怕是只言片语；信封、碎纸片或是从纸袋上撕下的一角，身边能找到的任何东西，都记满了文字。他会把这些笔记塞进帽子里，随身携带，到整理归类时再拿出来，然后动笔写稿，反复修改，直到讲稿成型，只待发表。

在1858年的大辩论中，参议员史蒂芬·道格拉斯不论走到哪儿都是发表同样的演讲，而林肯则会不断学习、思考、反省，以求做到演讲不会千篇一律。正因如此，他的演讲总能推陈出新、不会过时。

在入主白宫前不久，林肯把自己锁在斯普林菲尔德一间光线昏暗、布满灰尘的暗室里，仅凭手中的一本《宪法》和三篇讲稿，就写出了自己的就职演讲。

那么，林肯是如何准备《葛底斯堡演说》的呢？很可惜，关于这个问题存在许多不实之词，而真实的故事非常有趣，让我们一起来看看吧：

当时，葛底斯堡公墓委员会准备为牺牲士兵举行一次公祭仪式，他们邀请了爱德华·埃弗里特为仪式致辞。埃弗里特曾任波士顿牧师、哈佛大学校长、马萨诸塞州州长、国会议员、美国驻英大使及国务卿等职，被誉为美国最优秀的演说家。公祭致辞原本定于1863年10月23日，埃弗里特先生非常明智地告知主办方在这么短的时间内他很难做足准备，所以仪式往后顺延了近一个月，安排在 11 月 19 日。仪式开始前三天，埃弗里特一直待在葛底斯堡，置身于曾经硝烟弥漫的战场，体会那里曾经发生的一切，而这三天的冥想无疑是最好的准备工作，他仿佛亲身经历了整场战斗。

仪式的邀请函同样送达每个国会议员，以及林肯总统和他的内阁成员，其中大部分受邀者都婉拒了邀请，但林肯答应出席，这让主办方大感意外。那么问题来了，他们要不要邀请总统发表演讲呢？显然原计划并无这项议程。此外，一些人也提出了反对意见，认为总统先生不可能有时间准备演讲，即便时间充足，他又能胜任吗？诚然，林肯总统对奴隶制题材的演讲可谓信手拈来，在库柏联盟学院（库柏联盟学院的“大礼堂”中曾经有多位美国总统发表演讲，其中包括林肯、格兰特、克利夫兰、塔夫脱、罗斯福、威尔逊等）发表的演讲也大获成功，可他从来没在公开场合致过悼词，毕竟，葛底斯堡公墓是个庄严肃穆的场合，主办方必须做到万无一失。那么，到底应不应该邀请总统发表演讲呢？他们思前想后，犹豫不决。要是这些人有未卜先知的能力，他们更应该多想象一下这个眼下正饱受质疑的人，在公祭仪式上做了一场多么精彩绝伦的演讲！而这场演讲也被公认为演讲史上经久不衰的杰作。

然而，在仪式开始前的两个星期，林肯才收到致辞的邀请函，函上注明“请做适当的陈词”，你没看错，主办方希望总统“做适当的陈词”。这可是针对一位美国总统采用的措辞啊！

林肯收到通知后随即着手准备。他写信给爱德华·埃弗里特，期望得到这位一流演说家的讲稿以供参考。讲稿到手以后，他便仔细研读起来，甚至连去照相馆拍正装照时都随身携带，只要有空就拿出来瞅上几眼。那段时间，林肯每天都在琢磨自己该讲些什么，当他往返于白宫与作战部时，他在思考；当他躺在陆军部的沙发上等待最新的战报时，他也在思考。他在一张大页纸上草拟了初稿，然后塞进礼帽里，随身携带，他不停地思索，直至讲稿逐渐成型。在演讲前的那个周日，他还对诺亚·布鲁克斯说："讲稿有些地方还不太完善，我已经写了两三遍，还是不太满意，看来得再斟酌一下才行。"

林肯在公祭仪式的前一天晚上抵达葛底斯堡，此时的小镇早已车水马龙。这个平日里只有 1 300 人的小地方一下涌入了 10 000 多人。人行道上挤满了行人，男女老少纷纷走上街头；乐队不停地奏乐，人们高声歌唱《约翰·布朗之躯》(约翰·布朗，美国南北战争前夕反奴隶制的起义领导人)；当人群行进至威尔斯先生家门口时，"恰逢"正在那儿做客的林肯，大家哼着小夜曲，并邀请总统先生致辞。作为回应，林肯非常机智地讲了几句，或许是因为他认为明天才是演讲的最佳时机，所以此刻不愿多说。而事实上，那天后半夜，林肯仍在完善自己的讲稿，他甚至还跑到隔壁国务卿西华德的房间，大声读给他听，以求斧正。第二天早餐之后，林肯继续"熬稿"，直到一阵急促的敲门声把他从沉思中拉回现实——游行时间到了。据当时跟在林肯身后的卡尔上校回忆，"游行开始后，总统先生端坐在马背上，确有一副最高统帅的威严，但渐渐地他的身板就'垮'了下来，低着头，若有所思"。我们猜想，即使是在游行时，他可能还在"推敲"他那篇仅有 10 句话的不朽之作。

对于某些演讲，林肯做起来味同嚼蜡，最后自然也都成了败笔。但一谈及奴隶制和国家统一的话题，他似乎就充满了力量。原因何在？因为他把毕生精力都投入思考这两个问题当中，自然也感触极深。有一次，林肯和一位同伴夜宿在伊利诺伊的一家小旅馆，第二天天亮，友人醒来发现林肯已经坐在床上，面朝墙壁，口中念念有词："我坚信本政府不可能永远忍受半奴隶制以及半自由制。"

"这些故事都挺有趣，"你可能会反驳道，"可我无意成为一名不朽的演说家。我只是想偶尔做几场演讲罢了。"

诚然，我们深知你的诉求。这本书正是为了帮助你和像你一样的人实现自己的愿望。然而，要想让自己的演讲不矫揉造作，借鉴一下演说家的训练方法，你还是能够获益良多的。

你如何准备自己的演讲

练习的时候你应该选择什么话题？当然是你感兴趣的。努力避免演讲者所犯的通病，也就是在有限的篇幅里试图面面俱到。选择一两个角度，力求讲得透彻，能做到这一点足矣。

要提前准备好演讲的话题，这样你才有时间去琢磨内容。“日思7日、夜想7夜”，把它当作自己就寝前的最后一件事，做不好则功亏一篑。刮脸的时候、洗澡的时候、进城的时候，只要有空都不妨想一想。此外，你还可以把它当作聊天话题与朋友交流。

列出针对该话题你能想到的所有问题，然后自问自答。比如，你打算谈谈离婚，那么不妨问问自己：导致离婚的因素有哪些？离婚会带来哪些影响？如何才能挽救婚姻？是不是应该有统一的离婚法案？为什么？或者，到底需不需要离婚法案？离婚是否应该被禁止？是应该提高还是降低离婚的门槛？

假如你要谈谈自己为什么学习演讲，那么你的问题如下：遇到了什么问题？怎么解决这些问题？之前做过公众演讲吗？如果做过，何时何地？当时发生了什么？为什么演讲训练对商人有益？有没有人得益于信心十足、能言善辩而在经济或政治上获得成功？有没有人因为缺少这些能力而与成功失之交臂？诸如此类问题想得越多越好，谈谈这些人的故事，但不用指名道姓。

刚开始训练时，如果你能起身讲上两三分钟，并且表述清楚，就算达成目标了。诸如“为什么学习演讲”这类话题非常简单——其原因是显而易见的。你只需花费些许时间收集整理资料便能轻而易举地把它背下来，因为你是根据自己的观察、自己的愿望以及自身的经历来做演讲。

假如你决定谈谈跟你的事业或专业相关的话题，那又该如何着手呢？鉴于此类话题你本身已经掌握了相当丰富的材料，那么难点就在于如何选择整理材料。别指望两三分钟就能涉及所有素材，这是不可能的。这样做只会让你的演讲显得杂乱无章。你应该截取其中一点，并就此扩展和深入。比如，何不讲讲你是怎样进入该领域或专业的？是偶然为之还是刻意选择？聊聊你的奋斗史，你最初的愿望是什么？经历了哪些失败？最后又是如何成功的？听众喜闻乐见的是一场富有真情实感，不带任何夸张成分的演讲，而且，这样的演讲也绝对差不到哪儿去。

或者，你也可以从另一个角度谈谈自己的事业：你遇到过哪些问题，对那些刚入行的后来者你会给出哪些建议。

或者，你可以谈自己接触到的各色人等——君子和小人，聊聊你的困惑。结合工作，谈谈你是如何看待时下最火的话题：人之本性。如果你从技术层面来展开话题，听众多半不会感兴趣，但是讨论人性或个性一般比较容易被接受。

此处我们不妨以一篇非常有趣的文章为例。下列段落节选自《福布斯》杂志一篇讨论公司主管放权给下属的必要性的文章，注意文章的例证——关于名人的家长里短：

当今许多企业巨头曾经都实行“家长制”管理，但后来大部分都摆脱了这种局面。原因在于，每一个伟大的企业机构难免会被打上某一位特殊人物的烙印，但随着工商业规模的不断扩增，再能干的人也必须招贤纳士、集思广益，如此才能驾驭全局。

零售业大亨伍德沃思曾告诉我，他曾经一人在生意场上纵横多年，结果便是，他透支了自己的健康，而正是在他卧床养病的数周里，他意识到如果想把生意做大，就必须放权。

伯利恒钢铁公司多年来一直秉承“家长制”经营模式。查尔斯·M.施瓦布曾独揽大权。后来尤金·G.格莱斯逐渐成长为一位更有能力的管理者，这点施瓦布曾多次提到。

伊士曼柯达早期主要是由乔治·伊士曼当家，但他很早以前就组建了一支高效的团队，这么做无疑非常明智。芝加哥所有石油业巨头在成立初期都实行“家长制”，而标准石油公司则反其道而行之，自其发展壮大之后早早地摒弃了这一制度。

约翰·皮尔庞特·摩根，美国商业巨人，他一直笃信要知人善任，责任共担。

还有许多雄心勃勃的商界领袖也曾试图在生意上“孤军奋战”，不管是否情愿，他们都迫于现代运营模式的压力，最终放权给手下。

一些人在谈论自己事业时都犯了一个不可饶恕的错误——只挑自己感兴趣的进行演讲。作为演讲者，难道他们不明白自己的任务是取悦于听众而不是自娱自乐吗？难道不明白自己要做的是迎合听众的兴趣吗？如果演讲者是火灾保险推销员，他就该告诉听众如何预防财物着火；如果是银行家，他就该传授听众一些投资理财的小窍门。

在演讲的准备过程中，要研究你的听众，想想他们的诉求和愿望，做好这一点你就成功了一半。在准备话题时，多读点文献资料无疑是明智之举，这样你就能了解别人关于此话题提出的想法和评述。但是切记，只有当你感觉自己已经搜肠刮肚却没有半点头绪时才可以这样做，这一点至关重要。你可以去公共图书馆向图书管理员求助，诚恳地告诉他你在准备某个话题的演讲，需要一些素材。如果你之前并未经常涉足研究工作，那么你可能会惊讶地发现，图书管理员可以根据你的要求为你提供很大的帮助。他可能会给你找来一摞与话题相关的书籍，书中包含时下公共问题的正反两方面的概要和论据；也可能是期刊的《文献导读》，上面罗列了自20世纪初以来有关各类话题的文章；还有可能是《咨询年鉴》《世界年鉴》《百科全书》或是其他各种参考书目：这些书都将成为你有力的助手，一定要好好利用。

拓展储备能力的秘诀

美国园艺家卢瑟·伯班克在其离世前不久曾说过：“我曾为了获得一两株理想的植物而培育出100万株样本，剩下的残次品则全部丢弃。”你在准备演讲的过程中也需要这种披沙拣金的精神，准备100个材料，最后舍弃90个。

即使最终派不上用场，也要尽可能多地收集一些信息素材。材料越多，信心就越足，心里也就越踏实。此外，充足的资料对你的思维、心理以及说话方式也有所帮助。收集素材，这是演讲准备中一个重要的基本环节。可惜的是，不论是在公众场合还是在私人场合，许多演讲者都忽略了这一点。

亚瑟·邓恩说过这样一席话：

我培训过数以百计的售货员、推销员、导购员以及产品示范人员，我发现他们最大的问题就在于没有意识到售货前尽可能全面了解产品信息的重要性。

很多售货员来到我办公室，拿出一张产品说明书和说几句推销词后就迫不及待地打算开工。这些人中，有的不到一周就宣告放弃，还有很大一部分甚至没能撑过48小时。在培训食品推销员时，我尽力地让他们都成为食品专家。首先，我要求他们学习美国农业部颁发的食品营养成分表，里面标注了食物中包含的水、蛋白质、碳水化合物、脂肪以及有机物含量，学完后让他们弄清楚待推销食品的营养成分；其次，我还会把他们送进学校“回炉重造”，并要求通过相关考核；最后，他们还需要互相推销产品，业绩最好的会给予奖励。

我经常发现，有些售货员在最初一段时间表现得很不耐烦，他们辩解说：“我根本没时间跟一个杂货店老板瞎扯这些东西，他那么忙，要是我跟他提什么蛋白质和碳水化合物，他根本就不会听，即使听了，也不知道我在讲些什么。”而我的回答则是：“你并不是为了顾客才去学习这些知识，你是为了自己，如果你对销售的产品细节了如指掌，你会有种难以言表的感觉，你会发现自己无所不知，像充足电的马达一样力量无穷，推销起来自然也会更有底气。”

多年前，美孚石油公司知名的历史学家艾达·M. 塔贝尔小姐曾告诉我，当她还在巴黎的时候，S.S. 麦克卢尔先生，也就是《麦克卢尔》杂志的创刊者，曾拍电报邀请她写一篇关于大西洋跨洋电缆的短文。于是她先前往伦敦采访了欧洲主要电缆公司的高管，拿到了大量相关资料。但她并未就此打住，而是想储备更多的素材，后来她又去大英博物馆学习了解展出的各种电缆，同时还阅读了介绍电缆发展史的相关书籍，甚至还跑到伦敦市郊的工厂参观电缆生产的整个过程。

实际上她最终用上的素材仅有储备资料的十分之一，那她为什么还要那么做？原因之一就是她能以此获得更多的备用资料；再者，她意识到自己知而不言的那部分内容会让最后述诸笔尖的文字增色不少。

埃德温·詹姆斯·卡特尔大约为3 000万人做过演讲。他曾向我坦言，在回家的路上，他一回想起自己在演讲中没用上的好素材就会遗憾得直拍大腿。卡特尔认为，如果演讲完没有这种意犹未尽的感觉，那么演讲无疑是失败的。为什么呢？因为长期的演讲经验让他明白，成功的演讲需要以充足，甚至是过剩的材料储备作为后盾，而这些材料往往最后只能用上一小部分而已。

小 结

1. 如果一个演讲者心中有话要说，且迫切想说时，那么他一定能为自己赢得荣耀。充分的准备标志着演讲已经成功了一半。

2. 什么是演讲准备？纸上写几行生硬的句子？脑子里装点呆板的辞藻？绝对不是。真正的准备是一种对自我的发掘，真正的准备在于收集并整理你的思想，培养并形成你的观点。（例如，纽约的杰克逊先生第一次演讲时试图生搬硬套《福布斯》杂志上一篇文章的观点，结果演讲以失败收场，第二次当他把那篇文章作为题目再做演讲，并采用自己的事例加以论述，最终大获成功。）

3. 不要想着30分钟就能速成一篇演讲稿。准备演讲绝非像点一份快餐那么容易。尽早确定题目，在余下的时间围绕该题目“日思7日、夜想7夜”，以此为话题与朋友讨论，罗列出与之相关的所有问题。你的观点、意见、例证等会不时涌现，可能是在你洗澡的时候、进城的时候，抑或是等着吃饭的时候，把你的思路和例证写下来，并且要不断扩充。

4. 经过你的独立思考以后，如果时间允许，你可以到图书馆阅读相关文献。告诉图书管理员你的需求，他会给你提供不小的帮助。

5. 尽可能多地收集素材，就像卢瑟・伯班克为了获得一两株理想的植物而培育出 100 万株样本那样。准备 100 个素材，最后舍弃 90 个。

6. 所谓拓展储备能力，就是你知道的要远比实际用到的多，要全方位地储备素材。在准备演讲时，不妨采纳亚瑟・邓恩培训食品推销员的方法，或是学学艾达・M. 塔贝尔写文章时所采取的方法。

第三章
著名演说家如何准备演讲

我曾经出席过纽约扶轮社（著名的国际商业联谊社团之一）举办的一场午宴，会上的主发言者是一位显赫的政府高官。其位高权重使得在场嘉宾对他的演讲充满期待。他曾许诺会讲讲自己所在部门的日常活动，而这无疑是纽约商界人士的兴趣所在。

他对该话题自然是了如指掌，他所掌握的信息非常多，随便用一点儿便可当作这场宴会的演讲。遗憾的是，他没有做好演讲规划，没有仔细筛选素材，在内容的编排上也缺少条理。然而，凭着无知者无畏的态度，他就这样展开了话题，不过完全是信马由缰，全然不顾如何收尾。

简言之，他脑子里装的就是一盘大杂烩，而他所呈现的内容也确实如此。先上一份冰激凌，然后再来一碗餐前汤，接下来又是鱼和坚果，另外，还有汤、冰激凌以及咸青鱼的乱炖。我从未在任何地方见过思维、表达如此混乱的演讲者。

他本是打算做即兴演讲的，但苦于难以出口成章，继而只能求助于口袋里的一沓便笺，而且他还承认便笺是由秘书代劳的。鉴于他在台上的表现，在场嘉宾自然不会对他如此“实诚”的表述有丝毫怀疑。然而，便笺上的笔记就像平板车上胡乱摆放的废铁一样杂乱无章。他非常紧张，手忙脚乱地翻看，眼睛在便笺上瞟来瞟去，竭力想在绝望的荒野里挣扎着摸索出一条生路，但是一切都是徒劳。他道了个歉，要了杯水，然后颤抖地握着杯子喝了几口，接着继续语无伦次，然后又埋头翻弄便笺，如此周而复始……时间一分一秒过去，这位官员感觉越来越无助、越来越迷茫，他站在台上不知所措，场面十分尴尬。他的额前已渗满汗水，一双手抖得连擦汗都倍感艰难。而听众在台下目睹他的窘境，内心同样备受煎熬。然而演讲者并不打算放弃，而是继续挣扎，不断地看笔记、道歉、喝水，似乎只有他还没察觉到局面正一步步地演变成一部彻头彻尾的“灾难片”。当他最终结束“演讲”时，所有人都长舒了一口气。这是我作为听众最难熬的一次经历。这位政府要员的演讲就好像卢梭曾对情书的写作所下的定义那样：不知从何说起，也不知言之何意。

这个故事给我们的启示，正如英国哲学家赫伯特·斯宾塞所言：“如果一个人的知识体系杂乱无序，那么他知道得越多，思维就会越混乱。”没有人会不做设计就去盖房子，上文提到的那名官员连最基本的提纲都没有，怎么就敢上台一搏呢？演讲好比一次有目的的航行，你必须在图志上标出具体路径。而漫无目的地开始，自然会以无疾而终收尾。

拿破仑曾说过：“战争艺术是一门科学，做不到计算精确、考虑周全就难言胜利。”我真希望把这句话里的每个字都用醒目的红色字体标注出来，挂在任何有演讲学员聚集的地方。

这是战争哲学，也是演讲的真谛。然而，作为演讲者，我们有没有意识到这一点？意识到了有没有付诸实践？绝大部分人都没有，许多人在演讲上所花的工夫也就跟做盘炖鱼差不多。

当一个演讲者手握一套给定的观点，怎样才是最妥善有效的安排？首先，没有调查就没有发言权，回答该问题之前最好做足研究；其次，虽然我们没有绝对有效的解决办法，但至少我们可以用一个具体的案例来简要说明什么是“有条理的安排”。

康韦尔博士设计演讲的方式

在演讲的谋篇布局上没有放之四海而皆准的规则可循，没有什么万能设计或是模板可匹配各类题材的演讲。但是以下列举的演讲设计方案在一些场合会比较适用。已故的拉塞尔·康韦尔博士，《钻石宝地》的作者，曾不吝赐教，并给我提供了一个提纲，他的很多演讲都是以此为基础而创作的：

1. 陈述事实；
2. 论证事实；
3. 呼吁行动。

许多人发现这个提纲非常有用，并由此派生出另外几种提纲：

1. 提出问题；
2. 解决问题；
3. 呼吁合作。

又或者：

1. 发现问题；
2. 提出措施；
3. 呼吁援助。

该提纲或可作为另一演讲方案：

1. 获取关注；

2. 赢得自信；

3. 陈述事实，让听众意识到你提议的优点；

4. 诉说为此行动的动机。

名人准备演讲的方法

前参议员阿尔伯特·贝弗里奇写过一本书，书名为《公共演讲的艺术》，里面内容不多，但很实用。这位著名的政治活动家曾说过："演讲者必须能够驾驭自己的主题，这也意味着演讲者需要收集、整理、研究并且消化所有与话题相关的素材。此外，选材不能只挑一家之词，而应集百家之言，同时还要确保所有材料的真实性，不能全是假设或是未经证实的言论，不可想当然地东拼西凑。

"因此，就需要对所有资料进行考证。诚然，这是个痛苦的过程，但那又有什么关系呢？演讲的目的难道不是让听众接受信息，获得启发和建议吗？难道不是树立自己的权威吗？

"所有相关材料整理完成后，你就要动脑子想想问题的解决方案，这样你的演讲才具有原创性，才能出彩、富有活力且引人入胜。最后，尽可能清清楚楚、有条有理地把你的想法转换成文字。"

换言之，先把正反两方面的事实都摆出来，再由此得出一个清晰明确的结论。

有人曾向伍德罗·威尔逊（美国第28任总统）讨教演讲的准备方法，他如是回答道："首先，我会把自己想要讲的内容全部罗列出来，然后在脑子里厘清它们之间的内在联系，其实就是在搭建演讲的框架；其次，我会用速记的方式把要点转换成文字，我习惯这么做，这样做非常节省时间。做完这一步，我就把讲稿打出来，同时修改词句、添加内容。”

西奥多·罗斯福准备演讲的方式极具个人特色：挖掘材料，评估材料，然后得出结论，而且这个结论必须是无可辩驳的。

上述步骤完成后，他会把一沓笔记放在跟前，开始快速口述，以便模拟真实场景中紧张仓促的氛围。接下来，罗斯福就会把讲稿打出来，然后对内容进行修改，同时用铅笔标注需增减、修订的地方，再次进行口述。罗斯福曾说：“没有事前的辛苦工作、周密计划和反复练习，我的演讲绝不可能成功。”

罗斯福口述或朗读讲稿时经常会邀请一些听众给予点评。但是，在内容方面他决不让步，对他而言，一旦拿定主意就不可更改。他想获得的意见不是“应该说什么”，而是“应该怎么说”。他不知疲倦地修改讲稿，主要是为了报纸的刊发。当然，他不会死记硬背，而是即兴演讲，所以现场演讲内容往往和报纸上刊登的版本有出入。但他之前所做的口述和修改工作无疑是非常好的准备，这可以让他熟悉讲稿的内容，厘清要点的顺序，还能帮助他在演讲时表达得更加流畅，表现得更加自信，在罗斯福看来，没有别的任何技巧比这招更能收到实效。

物理学家奥利弗·洛奇曾告诉我，口述演讲内容，尤其是模拟听众在场的情景，按照主旨大意快速口述，这是一种准备及练习演讲的绝佳方法。

许多学习演讲的学员发现，对着录音机口述，然后再放给自己听，这样会让他们深受“启发”。我想，此处用“醒悟”或许更合适，这种练习能让他们认清自己的不足，以便改正。总之，这是一个非常好的训练方法，大家不妨一试。

把想说的内容先写下来。这个过程会促使大脑运转，厘清演讲思路、熟悉演讲内容，避免跑题；此外，这样做还有助于提升遣词造句的能力。

在自传中，本杰明·富兰克林曾讲过自己是如何提升遣词造句的能力、如何利用文字快速调整状态以及如何厘清思路的。这本传记是一部文学经典，但又有别于其他著作——浅显易懂、引人入胜，将英语简单平实的特色运用到了极致。任何有志成为演说家或作家的人定能从中受益匪浅。我想你会喜欢我从中节选的如下内容：

这一次，我偶然找到《旁观者》一书的第3卷，此前我从未读过这本书，索性就买了下来。拿回家反复读了几遍，我觉得里面的内容很有趣，文章写得极妙，随即我产生想要模仿其文笔的念头。我找了几篇文章，大概厘清其中观点后就放在了一边。几日后，我尝试着不看原文，极尽所有能想到的词汇重组文章，尽可能地把意思表达得跟原文一样。随后我就把重组的文字和原文进行比对，结果发现自己出了不少错误，并逐一更正。尽管如此，我还是从中积累了许多词汇，而且能在需要的时候信手拈来。要是我对诗歌创作有些许兴趣，这些词或许早已为我所用，因为诗歌对词语平仄及韵律的严谨需要我在使用词汇时增加变化，同样也对我所掌握的词汇的多样性提出了很高的要求，我必须熟练地驾驭这一切。所以，从此以后，我常常会挑选一些文章进行练习，有时甚至会把文章要点错乱排列，然后用几周的时间重新组合，并最终完成整篇写作。这种方法可以教会我如何厘清思路，通过与原文的比对发现并改正了不少错误。有时候我会欣喜地发现，自己遣词造句的水平竟然有了一定提升！这令我信心大增，甚至认为自己说不定哪天就会成为一名不错的作家，这可是我最大的梦想啊！

像理牌一样整理笔记

在上一章节，我曾建议大家做笔记。那么，当你把所有的观点和例证都写在小纸片上后，你就得像理牌一样将这些纸片分组归类。首先应按演讲要点排列，然后进一步细分，要取其精华，去其糟粕，有时甚至连一部分精华也要弃之不用。通常情况下，一个演讲者最终能用到的材料只占他所收集素材的一小部分。

在开讲前，要做到精益求精，即使在演讲结束后，你也很可能会有新的思路或是觉得讲稿仍有改进空间，只要有，那就要继续完善。

一名优秀的演讲者往往最终会有4个版本的讲稿：一个是事先准备的版本；一个是现场演讲的版本；一个是报纸刊登的版本；还有一个则是他在讲完后，觉得最理想却没能发表出来的补遗版本。

演讲时是否该参照笔记

尽管林肯是位杰出的即席演说家，但他在入主白宫之后，即使是在非正式场合讲话，在事先没有认真写出讲稿的情况下，他也从来不会发表演讲。当然，就职演说不在此列。就职演说是会载入史册的，因此必须措辞严谨，其重要性决定了不可能采用即兴演讲的方式。但是，回到伊利诺伊州，林肯还是选择脱稿演讲，甚至连便笺也不带。他说："这些东西容易使听众感觉乏味和困惑。"

试问，我们当中谁又能对此提出不同意见？难道带稿演讲不会使人兴趣大减吗？难道这不会浪费，至少是有碍演讲者和听众间本应亲密无间而又宝贵的交流契机吗？难道这不会让人产生照本宣科的乏味感吗？难道演讲者不会因此丧失那份本应体现在听众面前的自信和从容吗？

我再次强调，在演讲准备阶段，一定要充分做好笔记。当你独自练习的时候，你可能想以此为参照；当面对听众的时候，你可能觉得包里揣着笔记会更踏实；然而，笔记就像车厢里的救生锤，不到万不得已最好别用。

如果不得不用，那么笔记一定要极致精简，同时大写标注在一张空白纸上，然后提前到场，把笔记藏在某处，必要时拿出来看一看，但是别被人发现了。

尽管说了那么多不用笔记的理由，但有时候用一下也未尝不是明智之举。例如，一些演讲新手最初可能会因为过度紧张导致忘记讲稿的内容，结果会怎么样呢？有的人在演讲中完全找不着北，连自己精心收集的材料也都忘了；有的人则像醉汉开车，最后一头栽进泥沼中难以自拔。那么对这些人来说，为什么不在最初几次拿着笔记演讲呢？小孩儿学步时总会扶着家具走，但这个阶段不会一直持续下去。

不可死记硬背

演讲时千万不要照本宣科，更不要尝试一字不落地背诵讲稿，这是在浪

费时间，而且后果不堪设想。尽管有此忠告，但仍有人一意孤行。如此，当他起身演讲时，脑中会想到什么呢？是讲稿里的信息吗？不是！他会尝试回忆讲稿中的每个字词，这其实与正常人的思维相反，他并不是往前走，而是往后退。如此一来，他的演讲就会变得枯燥乏味，没有半点情感。所以，我奉劝各位，千万别做这种费力不讨好的事。

在重要的商务访谈里，难道你会这么坐着、一字不落地背诵事先准备的答案？显然不会。你会在脑子里形成清晰的思路后再作答。你事先可能会做一些笔记或者参考相关资料，然后提醒自己在访谈中要提出哪些观点并阐述相应的原因，接着会一一列出缘由并用具体的案例加以说明。这不就是准备商务访谈的方式吗？为什么在准备演讲时不能借鉴一下呢？

格兰特将军在阿波马托克斯

当南军统帅罗伯特·李向格兰特将军索要受降条款时，格兰特将军不得不向帕克将军求助，希望他能提供一些写作素材以供参考。格兰特将军在回忆录中写道："我甚至不知道该如何落笔，我很清楚自己该写什么，但我不知道怎样才能清楚无误地表达出来。"

格兰特将军，你其实不用纠结该如何落笔。只要心中有观点，有渴望表达的强烈愿望，那么，你平常熟稔的措辞自然会跃然纸上，这一点对所有人都适用。要是你对此抱以怀疑的态度，你可以随便挑个人打他一顿，看他站起来时是否无话可说。

2 000 多年前，罗马诗人贺拉斯曾如是写道：

寻词不如找事实，

有事实则不缺词。

当你的想法业已形成后，就可以富有感情地把讲稿从头到尾默练一遍，时间、地点不限。然后，找个空房间，声情并茂、激情饱满地预演一次。一篇演讲稿，你怎能奢望不经反复练习便能获其精髓呢？当你练习的时候，假想听众就在跟前，这种暗示一定要足够强烈，这样即使真的面对听众，你也会表现得游刃有余。

农场主为何纷纷认为林肯“懒得要命”

如果你按照上述方法练习，你就算拜师入门了。当劳合·乔治还是威尔士某小镇上的演讲协会成员时，他就经常在乡间小道上对着树木和栅栏声情并茂地演讲。

林肯年轻时，经常步行二三十千米，只为听一场布雷肯里奇（美国政治家，曾任副总统）的著名演讲。在回家路上，他的内心总是难以平复，所以他立志成为一名演说家，并把工友召集在田间，自己则站在树桩上演讲或是讲故事。他的雇主当然为此恼火不已，并讽称林肯是“乡间西塞罗”“懒得要命”，因为他的演讲和笑话弄得其他工人都无心劳动。

在牛津大学就读期间，阿斯奎斯（英国前首相）一直是辩论社团的积极分子，他后来还自行组建了一个辩论社团。伍德罗·威尔逊、亨利·沃德·比彻（美国基督教公理会牧师）、伯克（英国政治家）、露西·斯通（美国妇女权利改革者）等也都曾参加过辩论社团。诺贝尔和平奖得主、杰出政治家伊莱休·鲁特曾在纽约的基督教青年会文学社团历练过。

纵览上述名家经历，你会发现其中的一个共同点：练习。他们都有练习的习惯。演讲是件熟能生巧的事，练得越多，进步越大。要是没时间，不妨学学外交官约瑟夫·乔特的做法。他上班前会买一份早报，然后乘车时假装看报，这样就能避免被人打扰。其实，他并没有专注于那些丑闻八卦，而是在思考自己的演讲。

铁路总裁、国会议员昌西·M. 迪普的生活非常繁忙。尽管如此，他仍然坚持每晚演讲。他说道："我不会让这些演讲影响自己的工作。我在下班回家的路上就会把演讲准备好。"

我们每天都会有几个小时可以自由支配。达尔文每天有 3 个小时的空闲，即便身体不好，他在这段时间也没有闲着，正因为充分利用了这 3 个小时，他才能取得举世瞩目的成就。

西奥多·罗斯福在总统任职期间经常一上午得接受一系列 5 分钟的短访。然而，只要有半点空闲的时间，他就会拿起手边的书读一读。

如果你真的忙得不可开交，那么不妨读读阿诺德·班尼特的《如何度过每日 24 小时》。每次撕下 20 页揣在衣兜里，一有时间就读上那么一点儿。我用这方法两天就把这本书读完了。这本书会告诉你如何节省时间，如何高效地利用时间。

每天工作之余，总得放松调节一下，这不就是练习演讲的绝佳时机吗？不妨在家里与亲人玩玩即兴演讲的游戏吧！

小　结

1. 拿破仑曾说过："战争艺术是一门科学，做不到计算精确、考虑周全就难言胜利。"这是战争哲学，也是演讲的真谛。演讲就如一次有目的的航海，你必须在航海图志上把路径标出来，漫无目的地开始，自然会以无疾而终收尾。

2. 在演讲的谋篇布局上没有放之四海而皆准的规则可循，没有什么万能设计或是模板可匹配各类题材的演讲。每次演讲陈述的问题各不相同。

3. 演讲者要力求一次性地把一点讲透，避免重复再三。

4. 康韦尔博士，提供了一个提纲，他的很多演讲都是以此为基础而创作出来的：

（1）陈述事实；

（2）论证事实；

（3）呼吁行动。

5. 你或许觉得如下设计也很有用：

（1）提出问题；

（2）解决问题；

（3）呼吁合作。

6. 以下还有个不错的演讲提纲：

（1）获取关注；

（2）赢得自信；

（3）陈述事实，让听众意识到你提议的优点；

（4）诉说为此行动的动机。

7. 前参议员阿尔伯特·贝弗里奇这样建议：演讲者需要收集、整理、研究并且消化所有与话题相关的素材；确保所有材料都有事实依据；最后动脑子想想问题的解决方案。

8. 林肯在演讲之前，会像数学家一样通过缜密的思考得出结论。在他成为国会议员之后，他甚至开始研究数学家欧几里得的著作，以便可以敏锐地看穿对手的诡辩，从而更好地阐述自己的观点。

9. 西奥多·罗斯福准备演讲时首先会收集材料、评估材料，得出结论，然后口述讲稿内容，口述完成后把讲稿打出来，同时进行修改，接着再次口述。

10. 如有可能，对着录音机口述，然后放给自己听。

11. 参考笔记会让你的听众对演讲失去兴趣，因此要尽量避免使用笔记，尤其不要照本宣科。听众是无法忍受阅读讲稿这一行为的。

12. 讲稿考虑成熟、内容安排妥当后，要在心里默念一下，然后找个没人的地方声情并茂地演练几次，想象听众就在自己的面前，时间一长，即使真的面对听众，你也会表现得游刃有余。

第四章
增强记忆力

“一般人实际运用的记忆，”著名心理学家卡尔·西肖尔教授曾说过，“不超过其天生记忆容量的 10%，而其余 90% 都因违反记忆规律而遭白白浪费。”

其中有你吗？如果有，那么你一定在经济和社交方面存在不少困难。所以，我相信本章内容你一定很感兴趣，而且多读几次将大有收获。本章将向你介绍记忆的自然规律，并且教会你如何在商务、社交以及公众演讲中合理地运用这些规律。

所谓的“记忆规律”实际上很简单，只有 3 条。我们平常所说的“记忆系统”均建立在这 3 条规律的基础之上，它们分别是：印象、重复、联想。

记忆的第一条规律是：对自己想记住的东西要有深刻、生动且持久的印象。要做到这一点，你必须全神贯注。所有认识西奥多·罗斯福的人无不被他惊人的记忆力所折服。而他超强的记忆力得益于他对事物的印象不是用笔墨写就的，而是如雕刻在钢铁上一般坚实。罗斯福一直坚持在各种不利环境下训练集中注意力。1912 年，在芝加哥召开的进步党（1912 年美国总统选举时由罗斯福领导的政党）大会期间，罗斯福的总部设在国会宾馆。就在他楼下的大街上，群众情绪高昂，挥舞着标语，高呼着他的昵称：“泰迪！泰迪！”人们的呼声一浪高过一浪，乐队的演奏震天动地，政客们络绎不绝，会议一场接着一场，其间还得不间断地磋商——换成其他人在这种场景下或许早已焦头烂额。而罗斯福在房间里对这一切似乎毫不在意，悠闲地读着古希腊历史学家希罗多德的书。在巴西原始森林探险时，晚上一到露营点，他就会在树底下寻个干爽的角落，搬出折椅，一头扎进吉本的《罗马帝国衰亡史》里，而且很快地就沉浸其中，对四周的一切声响充耳不闻。能够专注到这种境界，那他的记忆力如此之好也就不足为奇了。

全神贯注 5 分钟比恍惚数日完成的工作成果多得多。“专注一小时，胜过梦游数年。”亨利·沃德·比彻曾如是写道。尤金·格莱斯在伯利恒钢铁公司任主席时年薪 100 万美元，他曾说过：“我每天的必训项目就是无论在何种情况下都专注于手头的工作。”这就是你的力量源泉，更是增强记忆力的诀窍。

他们竟看不见樱桃树

从托马斯·爱迪生的灯泡厂到位于新泽西门罗公园的主厂房之间有一段小路，这是爱迪生的助手们每天上班的必经之路，小路一旁长着一棵樱桃树。但当他提起这事时，竟然没有一个人对此有印象。爱迪生指出：“一般人的大脑接受的信息还不到视觉信息的千分之一，这似乎让人难以置信，所以，我们的观察力是何等薄弱啊！”

如果你给一个人介绍两三位朋友，那么他很可能在两分钟后连一个名字都记不起来。为什么呢？因为他在一开始注意力不够集中，也没有仔细观察。他可能会以记性差为理由，其实不然，真正糟糕的是他的观察力。如果在雾霾天拍摄的照片不甚清楚，他肯定不会把问题归咎于相机；以此类推，他又怎么能期望在一种漫不经心的状态下保持高效的记忆呢？

约瑟夫·普利策是《纽约世界报》的创办者，他在每个编辑的办公桌上都贴上以下这组词。

准确

准确

准确

这也正是我们所需要的。听清每个人的名字，并请求重复，询问如何拼写。如此一来，这些人会被你所表现的热诚和执着打动，而你也会记清他们的名字，因为你足够专心。最终，你的印象就会变得清晰而准确。

林肯大声朗读的原因

年幼时，林肯曾在一所乡下学校就读。校舍地板是用劈裂的原木条拼凑的；窗户是用作业纸糊的，这样方便采光。全班只有一本教材，老师先大声地把内容读一遍，学生再跟读。老师读完一句，学生们就七嘴八舌地复述起来，整间教室喧嚣四起，周围乡邻因此戏称它为“哇哇叫学校”。

就在这所“哇哇叫学校”中，林肯养成了一个伴其终生的好习惯：如果他想记住什么，就一定要大声朗读。每天早上，林肯一到斯普林菲尔德的律师事务所，就四仰八叉地躺在沙发上，一只脚搭在扶手上，另一只搁在凳子上，然后大声地朗读报纸。林肯的合伙人曾回忆道：“我都快被他烦死了，简直忍无可忍。我曾经问过他为什么非得读出声，他解释道：‘当我朗读时，两种感官会同时接受信息，看报时视觉在工作，而读报时听觉也会运转，这样我就记得更快些。’”

林肯的记忆力非常好，对此，他这样解释道：“我的大脑就像一块钢板，要想刻上去点儿东西很困难，但是一旦刻上去了，就不容易再被抹掉。”

同时调动两种感觉就是林肯“刻钢板”的方法，你也不妨试一试。当然，最理想的状态不仅仅是调动听觉和视觉，而且要让触觉、嗅觉、味觉三管齐下。

然而，5 种感觉中最重要的还是视觉。人类的记忆受视觉影响深远，通过眼睛记录的事物往往会留下更深刻的印象。我们想不起某人的名字，却能在脑中勾勒出他的大概相貌。人类的视觉神经数量是听觉神经的 25 倍，中国人有一句谚语这样说：“百闻不如一见。”

把你想记住的东西——名字、电话号码、演讲提纲等——写下来，盯着看，然后闭上眼，在脑子里把它们想象成跃动的文字。

马克·吐温不用笔记的由来

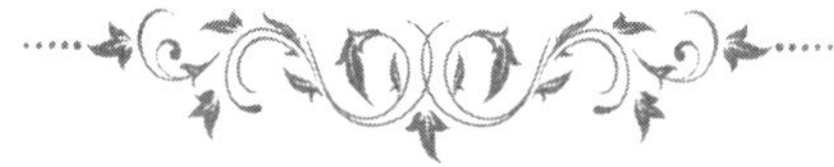

学会使用视觉记忆之后，马克·吐温便克服了多年来依赖笔记的习惯。下面是他在《哈珀斯》杂志上讲的一则故事：

日期很难记，因为里面都是数字，而数字总是单调无味、非常抽象的，且难以固定，所以数字在脑子里很难留下深刻的印象。但是图像记忆可以解决这一问题，运用图像——尤其是你自己构建的图像几乎可以记住任何东西。自己构建图像，这一点至关重要，也是我的经验之谈。20 多年前，我每天晚上都有演讲，每次演讲前我都要准备一大沓笔记以防内容出现混淆现象。这些笔记大都以这样的句子开头：

那个地区的天气——

那个时代的风俗——

但在加利福尼亚州，人们从未听说——

这样的句子总共有 11 条。

这些提示简要地勾勒出讲稿的主要内容，也保证了我不会遗漏其中的要点。那么问题来了，它们都是写在纸上的，没有构成图像，我只得下功夫硬记，即便如此，我也很难保证记住内容顺序。因此，我总是把笔记放在一旁，时不时瞅一眼。要是笔记丢了，你可以想象那天晚上对我而言会多么恐怖。所以，我意识到必须采取一种新办法来解决这个问题。我试着通过记住每句话的首字母来定位顺序，第二天上讲台前把字母按顺序画在指甲上，但这招并不管用。演讲过程中我总得不时地“欣赏”自己的指甲，而看着看着就忘了上一次看的是哪根手指，我总不能看一个就舔掉一个字母吧？这方法倒是管用，但恐怕会引起更多不必要的麻烦。不停地看指甲已经够引人注意了，听众指不定会以为我有“恋甲癖”，不务正业。事实的确如此，讲完后曾有人上前询问我的手是不是哪儿不舒服。

后来，我突然想到了用图形替代字母！自此，我便丢掉了笔记这个包袱。两分钟内我画了 6 张图片，这几幅图恰如其分地囊括了那 11 句话的信息。图片画完我就扔掉，因为它们已经刻在我脑海里了。现在想想，事情已经过去 20 多年了，那篇讲稿我也有 20 多年没用过了，但我现在仍然可以借助那 6 张图片把内容回忆起来。

我曾做过有关“记忆力”的演讲。当时我想用本章节提到的大部分素材，所以我就用图像记住要点。在讲到罗斯福不受外界干扰时，我的脑海里就浮现出他在屋里静静地看书，而窗外人声鼎沸的场景；在提到爱迪生时，我便联想到他正看着一棵樱桃树；讲到林肯时画面则是他大声朗读报纸的模样；至于马克·吐温，我则想象他正面对听众不停地舔手指。

那么我是怎么记住这些图片的顺序的呢？用数字 1、2、3、4 编号吗？不对，这样记会非常困难。我把数字转换为图片，并且和素材图片结合在一起。比如，one（1）的发音和 run（奔跑）相近，我就用赛马的形象替代数字“1”，然后我想象罗斯福骑着一匹赛马在房间里读书。至于 two（2），我选了一个跟它谐音的词 zoo（动物园），然后我就想象爱迪生看着那棵樱桃树，而树长在动物园里。Three（3），我选了 tree（树）这个词，画面是林肯站在一棵树上对着合伙人大声朗读。替代 four（4）的词是 door（门）：门开着，马克·吐温倚着门框，一边跟人说话，一边把指甲上的字母舔掉。

很多人看到上述方法一定会觉得荒诞可笑，的确如此，但这也是其行之有效的原因之一，怪诞和搞笑的东西往往更易记住。如果用数字硬记要点顺序，我可能早就忘了，相反，用图像记忆就几乎不可能出现这种情况。假如要回忆第三点的内容，我只需要问自己树上有什么？林肯就会马上浮现在我脑海里。

为了使用方便，我把 1~20 这些数字全部转换成了图像，而且都是用发音相近的词替换它们，这儿我全部罗列出来了，如果你能花半个小时记一下，即使是 20 个素材，你也能快速对号入座，还可以不按顺序准确地说出哪个序号对应哪个素材。

以下便是跟数字对应的替换词和图片内容，试一试，你肯定会觉得非常有趣：

1. Run（跑）：一匹奔跑的赛马；

2. Zoo（动物园）：动物园里的熊舍；

3. Tree（树）：第三个要点就在树顶上；

4. Door（门）或者 Wild boar（野猪）任何与“四”发音接近的都可以：一头野猪；

5. Bee hive（蜂窝）：流着蜂蜜的蜂巢；

6. Sick（生病）：一名佩戴红十字标志的护士；

7. Heaven（天堂）：金砖镶地，天使弹琴；

8. Gate（大门）：摇摇欲坠的破旧木门；

9. Wine（酒）：酒瓶倾倒，里面的酒流了出来，一滴一滴落在地上（要想象出动态的画面）；

10. Den（兽穴）：茂密的山林里的野兽洞穴；

11. A football eleven（十一个人组成的足球队）：十一人组成的足球队在球场上飞奔，另外，我还想象他们举着我要记住的东西；

12. Shelve（把东西放在货架上）：一个人把什么东西放回货架；

13. Hurting（伤害）：伤口正流着血，染红了你的第 13 点；

14. Courting（求爱）：一对情侣在什么东西跟前卿卿我我；

15. Lifting（举重）：大力士举着某样东西；

16. Licking（鞭打）：鞭子；

17. Leavening（发酵）：一个家庭主妇正在和面，她正往面团里加的东西就是第 17 点；

18. Waiting（等待）：有位伊人，在水一方，驻足眺望，遥盼情郎（第 18 点）；

19. Pining（相思的）：一个女人正在抽泣，你看见她的泪水划过你期望记住的第 19 点；

20. Horn of plenty（丰饶角）：羊角上挂满了鲜花、果实和谷物。

如果你愿意一试，不妨花点时间记住上述替代编号的图像。要是你喜欢，也可以自己创造图像。譬如“10”，你可以用 wren（鹪鹩）、fountain（喷泉）、pen（钢笔）、hen（母鸡）等任何发音相近的词替换。假如第 10 个要点让你想到了 windmill（风车），那么你可以想象风车上立着一只母鸡，或是风车正把抽起来的墨水灌进钢笔里。这样，当别人问你第 10 项内容是什么时，你完全不用想数字“10”，只要想想母鸡在哪儿。你或许会对此抱以怀疑，总之，先试试吧。很快你的记忆力就会让人刮目相看，而你自己也会乐在其中。

记住一本厚厚的书

埃及开罗的爱资哈尔大学是全世界规模最大的大学之一，同时也是一所埃及伊斯兰教的古老高等学府。该校的入学考试要求每名考生背诵《古兰经》。要知道，《古兰经》跟《新约全书》差不多厚了！在封建时代的中国，学生则需要熟记“四书五经”。

来自阿拉伯和中国的学生们怎么会拥有如此惊人的记忆力呢？

方法就是重复，即记忆规律的第二条。

只要重复次数足够多，你的记忆库几乎就是无限的。不断重温你想要记住的内容，而且要学以致用。想要记住一个单词，就把这个单词用在日常会话中；想要记住一个人，那么见到他就叫他的名字；想要记住讲稿，就把你在演讲中想说的内容先当作话题和朋友聊聊。总之，反复运用可以培养出长期的记忆。

有意义的重复

盲目且机械地死记硬背是行不通的。理解性重复，即根据大脑里的已知信息进行重复才是正确的方式。例如，艾宾浩斯教授让学生记住一串无实意的音节，如“deyux”“qoli”等。他发现学生一般需要连续不停地重复 68 次才能记住，如果把时间拉长到 3 天，则只需要重复 38 次。还有许多心理学测试也都得出类似的结果。

这其实是关于记忆原理的重大发现。一个人采用不停地重复记忆直至最终记牢的方法所花费的时间、精力是其采用在记忆过程中做适当间歇的记忆法的两倍。这种思维活动的特性可以通过如下两方面来解释：

首先，在重复过程中的间歇阶段，人在潜意识下会加固信息间的关联性。正如詹姆斯教授所言：“冬天学会游泳，夏天学会溜冰。”其次，适当的间歇可以让大脑避免因长时间运作带来的疲劳。《一千零一夜》的译者理查德·伯顿精通 27 门外语，然而他每次学习或练习外语的时间从不超过 15 分钟。因为“大脑高效运作的时间只有 15 分钟”。

明白了这些道理，相信稍微有点常识的人都不会再选择临阵磨枪了吧？如果有人仍然顽固不化，那么他的记忆力也必然大打折扣。

下面是关于“遗忘过程”的一些研究发现。大量心理测验已经多次验证了一个结果：拿到新材料后，在最开始的 8 小时内忘掉的内容比随后 30 天忘记的要多得多。这个对比多么惊人！所以，在你参加商务会谈、家庭教师协会会议或是俱乐部活动时，发言之前要尽快浏览讲稿，复习要点，这样有助于恢复记忆。

林肯深知其中的奥妙，也时常这样练习。在葛底斯堡，爱德华·埃弗里特的演讲在林肯之前，接近尾声时，据说“林肯显得有些紧张，正如他每次接在别人之后演讲时一样”，接着他不太自然地扶了扶眼镜，从口袋里掏出讲稿开始默读以加深印象。

威廉·詹姆斯教授解读练出好记性的秘诀

关于记忆规律的前两条我们就说这么多。记忆的第三条规律——联想——是记忆中不可或缺的要素。事实上，联想就是记忆运作的方式，正如詹姆斯教授观察所得：“我们的大脑，本质上就是一台联想机器。假如我沉默一段时间，然后发出命令：‘想起来！’那么，记忆会如你所愿，即刻呈现出一幅过去的精确画面吗？显然不会。它会站在那里茫然无措地问：‘你是想让我记起什么东西呢？’简单地说，记忆需要线索。相反，假如我说请记住你的生日，或者是你早餐吃过什么，再或者是乐谱上的音阶，那么你的记忆就能马上执行相关命令：线索能够在无限种可能性中锁定某一特定点，如果这个过程能够视觉化，那你就能马上发现线索其实就是与需要回忆的时间紧密相关的信息。‘出生日期’与一组特定的数字紧密相连，也就是‘年、月、日’；‘早餐’一词切断了所有无关信息，信息树直指咖啡、熏肉和鸡蛋；一提到‘音阶’，我们自然能想到‘哆来咪发唆’。事实上，我们的记忆脉络并不受外界干扰，而是为联想所支配。任何信息要成为记忆必须经过‘引荐’，而‘引荐人’就是大脑里已知的相关信息，也就是说，回忆其实就是大脑里的联想信息。有组织的联想系统决定了记忆的优劣，这套系统有两个特点：第一是联想的持久性；第二是联想的数量。‘好记性的养成秘诀’其实就是针对想要记住的每一条信息组成一套多样化、多重性的联想系统。但是，在联想过程中怎样才能做到不遗漏任何一条信息？简单地说，两个外在经历相同的人，谁对自身经历思考得更透彻，且更善于组合个体信息，谁的记忆力就会更好。”

组合信息的方法

既然现在我们已经知道好记性的养成秘诀，那么怎样才能系统地组合分散的个体信息呢？答案是：反复思考，挖掘信息的内在含义。举个例子，你可以通过问自己下列问题从而系统地组织各条信息：

（1）发生的原因？

（2）如何发生的？

（3）发生的时间？

（4）发生的地点？

（5）是谁这样说的？

如果这条信息是陌生人的名字，名字也很平常，或许我们可以把他跟某个同名同姓的朋友联系在一起。如果名字不常见，那么我们可以趁机问问上述5个问题，这样当事人一般都会谈谈自己名字的由来。譬如，在写此章节时，有人向我引荐了索瑞尔夫人（Mrs. Sorer），因为不太常见，我当时请她拼读了一下，还顺便跟此人交谈了一番。

“是的，”她这样回答道，“我的名字确实不太常见。它是希腊语，意思是‘救星’。”接着她又告诉我她丈夫一家是雅典人，在政府担任要职。我发现人们都乐于分享自己姓名的由来，而这也方便我记住别人的名字。

一定要仔细观察陌生人的体貌特征。注意他头发和眼睛的颜色，近距离观察他的特征，留意他的穿着和说话方式。总之，对他的外表和气质要形成一个清晰、细致且生动的印象，同时将其与人名联系在一起。下次你再遇到这人时，这些深刻的印象就会帮助你回想起他的名字。

不知你是否有过这样的经历：当你第二次或第三次遇到某人时，尽管你记得这人的职业，但就是想不起他的名字。原因很简单：一个人的职业明确具体，且有实意，而有实意的信息一般很难忘记，而无实意的姓名则像落到陡屋顶的冰雹一样，一滚而去。所以，想要记住一个人的名字，不妨把姓名与职业联系在一起，这招屡试不爽。例如，最近有 20 多个互不相识的人相聚在佩恩体育俱乐部，与会者需起身就自己的姓名和职业做自我介绍，然后用一句话把两者联系起来。几分钟后，所有人都能准确说出彼此的姓名。而且，几次活动后，大家都还能记得对方的姓名和职业，因为这些信息已经紧密地融合在了一起。

此处我按姓氏字母先后罗列了一些人的名字，同时附上与其工作相关的一句话介绍：

G. P. 阿尔布雷克特先生（泥沙业）——泥沙让万物光明（all bright 与 Albrecht 谐音）。

H. W. 比德尔先生（毛织品业）——比德尔在毛织品行业跟人比嘚瑟。

托马斯·德福利先生（印刷业）——德福利的印刷人人夸。

O. W. 杜立特尔先生（汽车销售业）——肚里没货就卖不好车。

托马斯·费舍尔先生（采煤业）——用马拖煤很费事儿。

弗兰克·H. 高尔迪先生（伐木业）——伐木需要个头儿高的。

J. H. 汉考克先生（星期六晚报）——需要晚报可找汉考克。

如何记住时间

记住时间的最好方式莫过于把要记的时间与脑子里已经牢记的旧时间联系起来。举个例子，对美国人来说，要记住苏伊士运河通航时间可以有两种方式，一种是直接记 1869 年，另一种是记“南北战争结束 4 年后，苏伊士运河开通”，很显然后者比前者更容易记住。再如，英国人首次在澳大利亚建殖民地是在 1788 年，死记的效果就像上螺丝忘了拧螺栓，螺丝很快就会脱落，这条信息可能很快地就被忘掉，但如果记成 1776 年《独立宣言》发表 12 年后，这样是不是更容易记住呢?

这个方法同样适用于选自己的电话号码，特别是方便记忆的电话号码。例如，我在第一次世界大战期间的电话号码是 1776，《独立宣言》的发表时间，相信没有哪个美国人记不住。如果你能从电信公司弄到诸如 1492、1861、1865、1914 和 1918 这样的号码，你的朋友每次打电话就不用翻通信录了。要是他们忘了你的电话，如果你直接报号码，他们可能还是记不住；但如果是这样提醒——“1492，哥伦布发现美洲大陆”，他们还会忘记吗?

至于澳大利亚人、新西兰人或加拿大人，他们当然也可以根据其国家的重要时间点来替换掉 1776、1861、1865 等相应数字。要记住下列时间，最好的方式是什么呢?

（1）1564——莎士比亚诞辰。

（2）1607——英国人在詹姆斯敦建立北美洲首个殖民地。

（3）1819——维多利亚女王诞辰。

（4）1807——罗伯特·李诞辰。

（5）1789——巴士底狱被攻占。

要让你按先后顺序记住美国最初13个州的名字，仅靠一遍又一遍地机械重复，你一定会觉得枯燥无味。但如果把这些州的名字编成一则故事，那么记起来就事半功倍。所以，请全神贯注地阅读下文，只读一次，然后看你能否按顺序说出其中10个州的名字：

某个星期六的下午，一个来自特拉华州的年轻女子买了一张火车票，打算做一次州际旅行。火车离开宾夕法尼亚州之后，她打算稍作停歇，于是把一件“新泽西”牌毛衣装进手提箱里，去拜访了一位叫“佐治亚”的老友，这位朋友住在康涅狄格州（宾夕法尼亚毗邻康涅狄格）。第二天，主宾二人参加了马里兰教堂的礼拜。随后她们乘坐“南卡罗来纳”公司的大巴回家，在一家餐馆点了份火腿，餐馆的厨子叫弗吉尼亚，来自新泽西州。饭后她们又乘坐“北卡罗来纳”公司的大巴前往罗得岛游玩。

记住演讲要点的方法

我们要思考某件事情只有两种方式：一是外部刺激；二是头脑联想。把这两种方式放到演讲中就是：第一，利用外部刺激，如笔记来帮助自己回忆演讲的要点，不过，又有谁愿意听一场照本宣科的演讲呢？第二，结合大脑已知信息联想演讲要点。这些要点相互间应有紧密的逻辑关系，彼此环环相扣，首尾呼应。

这听起来容易，但对初学者而言绝非易事。演讲新手往往会因紧张而丧失思考能力。不过，有种万无一失的方式能让你轻松快速地把各要点紧密结合，这个方法就是用一些毫无意义的句子。这里我解释一下：假如你要谈论的内容范围很广，彼此间也没有太多联系，不太好记，假设是以下五点内容——母牛、香烟、拿破仑、房子、宗教，让我们试试能不能用一句无厘头的话把上述信息联系起来："一头母牛叼着香烟钓着拿破仑，结果房子被'宗教'烧毁了。"

现在，你把上面这句话遮住，然后回答以下问题：演讲的要点有哪些？这些要点按倒序应如何排列？

这方法管用吗？绝对管用！如此一来，你还会为难以提升记忆力而焦虑吗？

任何一组信息，都可以采用上面的方式串联在一起，而且组成的句子越荒诞可笑，记起来也就越容易。

脑子突然"失灵"的应对方法

让我们假设一下，尽管演讲者事前做了非常精细的准备和预防措施，但在演讲进行到一半时突然发现自己脑子因"失灵"而讲不下去，只能傻眼地面对听众。可碍于面子，此人又不甘于失败，他就觉得只要有 10 至 15 秒的时间考虑，也许能想起接下来该说什么。但 15 秒的冷场也无异于一场灾难。那么遇到这种情况该怎么办呢？前不久，一位声名显赫的国会议员就遭遇了类似的经历，他在演讲过程中突然询问听众自己的声音够不够大，后排的听众能不能听得清。他心里很清楚，这么做并不是真的要与听众互动，而是为自己赢得思考的时间。在短暂的停歇中，他迅速重启大脑，演讲也得以继续。

不过，化解这思绪骤变有个不错的办法，那就是把刚讲过的那句话的末尾单词或要点作为下一句的开头，然后继续阐述下去，如此可以一直无限循环，就像密西西比河一样绵延不绝。当然，这些句子在内容上乏善可陈。假设一位演讲者的题目是《成功的事业》，他正说到这样一句话："许多从业人员事业止步不前的原因是对工作缺乏热情和积极性。"说完之后，他发现自己忘词了。

记住"积极性"，用"积极性"作为下一句话的开头。或许你根本就不知道要说些什么，更不清楚如何去收尾，没关系，就这么说，即使说得不好也比尴尬冷场要好得多。

积极性就是指要有独创意识，独立完成一件任务，而不是等着别人告诉你该怎么做。

这绝对不是什么名言警句，也不会被载入演讲史册，但这么做至少比一言不发要好得多吧？我们再接着这句继续"编"下去：

如果某个员工没有一点点独创意识，老是等着接受指令，这绝对是你能想到的最令人头疼的事。

好的，又过了一关。接下来我们该说说"想象力"：

想象力是不可或缺的，想象力就是指要有远见。正如所罗门所说的那样："没有远见，就等于一无所有。"

我们已经比较顺利地“编”了几句，那么再一鼓作气地把话接上去：

> 每年都有大量的从业人员在商业战争中一蹶不振，这无疑是非常可悲的。之所以用“可悲”这个词，成败其实就在一瞬间，而这些人差的就是那么一点点忠诚、抱负和热情，然而他们却不愿意承认这一事实。

就这样，我们还可以接着“编”下去。但是，演讲者在“瞎扯”的同时一定要绞尽脑汁回忆自己演讲的既定内容。

如果闲扯的时间太长，那么演讲就成了跟听众拉家常。但在大脑突然“失灵”的情况下，这个办法确实能有起死回生的功效。

联想才是记忆的本质

在本章我们提到了如何加深印象，如何重复以及如何建立信息之间的联系。但我们讨论的“记忆”从本质上来说就是“联想”，正如詹姆斯教授所言：“全面提高记忆力是非常困难的，我们只能提升针对某些特定系统中的关联性信息的记忆力。”

如果每天记一句莎士比亚的箴言，那么我们对文学引言的记忆力会有惊人提升。大脑每收录一句新的名言，你都能在记忆库里找到关联信息。但如果你记的是有关棉纱市场的数据或贝塞麦炼钢法，那么，就算你把莎士比亚全集都背下来也无济于事。

再次提醒：运用本章提到的方法，我们可以改良记忆方式，提高记忆效率。

但是如果不用这些方法，你就是记上 10 000 条有关棒球的信息，也不可能提升你在证券市场方面的记忆力，这二者完全是风马牛不相及，是无法被关联起来的。请务必记住，“我们的大脑，本质上就是一台联想机器”。

小　结

1.“一般人实际运用的记忆，”著名心理学家卡尔·西肖尔教授说过，“不超过其天生记忆容量的 10%，而其余 90% 都因违反记忆规律而遭白白浪费。”

2. 记忆规律有 3 条：印象、重复、联想。

3. 对你想记住的东西要有深刻、生动而持久的印象。要做到这一点，你必须做到：

（1）全神贯注：这就是西奥多·罗斯福拥有非凡记忆力的奥秘。

（2）细致观察：要形成精确的印象。大雾中照相是无法完美成像的，而你的大脑也记不住模糊信息。

（3）调动各种感官来加深印象：林肯通过大声朗读来记住信息，这样他就同时拥有视觉和听觉印象。

（4）最重要的就是视觉印象：一定要有视觉印象，因为视觉印象更为持久。人的视觉神经数量是听觉神经的 25 倍。马克·吐温使用笔记反而记不住演讲提纲，而当他使用图像记忆时，所有问题迎刃而解。

4. 记忆的第二条规律是重复。重复的次数足够多，我们能记住的信息量就会增加很多，但是请注意以下几点：

（1）不要长时间一直重复，先重复 1~2 遍，过段时间再继续；间歇性重复要比一直重复少花一半的时间和精力。

（2）记住某条信息后，在前 8 小时遗忘的内容比之后 30 天内遗忘的要多得多。因此在演讲开始前几分钟一定要重温笔记。

5. 记忆的第三条规律是联想。想要牢记某个信息只能通过与其他已知信息建立联系。詹姆斯教授指出：“任何信息要成为记忆必须经过‘引荐’，而‘引荐人’就是大脑里已知的相关信息……谁对自身经历思考得更透彻，且更善于组合个体信息，谁的记忆力就会更好。”

6. 当你想在新信息和已知信息之间建立联系时，要对新信息进行全方位思考。想想如何回答下列问题：“发生的原因？如何发生的？发生的时间？发生的地点？是谁这样说的？”

7. 想要记住某个陌生人的名字，不妨先请对方拼读一下。仔细观察此人的外貌，并将其与名字联系在一起。了解其职业，试着用有意思的语言将其与名字联系，就像佩恩体育俱乐部那些人做的那样。

8. 想要记住时间，最好把它们跟脑子里已知的重要时间点联系在一起。例如，莎士比亚 300 周年诞辰正处于美国南北战争时期。

9. 想要记住演讲的要点，每点内容必须丝丝入扣，首尾呼应。此外，你也可以用无厘头的语言将要点串联起来，如“一头母牛叼着香烟钓着拿破仑，结果房子被‘宗教’烧毁了”。

10. 一旦演讲中出现大脑“失灵”，你的“救星”就是用上一句话的最后一个词或其中某个要点作为下一句的开头，记得一直说下去，直至你想到原本要说的内容为止。

第五章

成功演讲的基本要素

我写这一章时是1月5日，正好是欧内斯特·沙克尔顿爵士逝世纪念日。这位伟大的爱尔兰探险家离世时正跟随“探索号”探险船在前往南极的途中。如果你登上“探索号”，首先映入眼帘的是一块铜牌，上面镌刻了一首小诗：

你若有梦想却又不被其奴役；
你若能思考却不当其为目的；
你若能泰然面对凯歌与失利；
那就对两个冒牌货同等视之。
你若可以全心全意尽力为之，
直到绵薄之力尽到最后之时；
不妨挺住直至全身没了力气，
除非意志不再喊出努力坚持。
能否顶住难熬的一时全看你，
那不过就是区区六十秒的事；

整个世界及其一切都属于你；

你从此就是个男子汉，孩子。

沙克尔顿把这首诗命名为《探索的精神》。确实如此，无论南极探险，还是公众演讲，我们都需要这份勇气和自信。

然而，并非所有初学者在演讲时都具备这份勇气和自信。多年前，当我刚踏入教育行业时，我发现竟然那么多夜校学生在目标尚未实现之前就半途而废，这让我非常震惊，也痛心不已，这或许就是人性的弱点。

该书已近半，经验表明，有些人读到此处时已经开始打退堂鼓了，因为他们仍然没有克服“听众恐惧症”，也没能获得自信。为此我深感遗憾，很多人就因为差那么一点点耐心与成功失之交臂，要知道，冰冻三尺，非一日之寒。

持之以恒的必要性

无论是学习法语、打高尔夫，还是公众演讲，都不可能一帆风顺。这个学习过程不会稳步提升。相反，通常在入门阶段都是迅速提高，而到了一定阶段就会原地踏步，甚至不进反退。这个静止或退步的过程在心理学家看来再正常不过，他们称之为学习过程中的“高原反应”。学习公众演讲的人会经常陷入这种困境，有时甚至会持续几个星期，而且，无论他们再怎么努力也无济于事。意志力薄弱的人往往会在绝望中放弃，而坚持下来的人会发现自己的能力竟在一夜之间突飞猛进，就像从高原起飞的飞机直冲云霄。他们好像在突然之间就把握住了诀窍，在演讲中表现自如、信心满满、张弛有度。

我在书中曾多次提到，在演讲开始后的一段时间里，你会恐惧不安、惊慌失措，但如果能坚持下去，这些只不过是小插曲而已。熬过开头，你就能收放自如，沉浸在演讲的快乐中。

水滴石穿

曾经有个想学习法律的年轻人致信林肯，让他给点建议。林肯这样回复道："如果你下定决心要当一名律师，那么事情就已经成功了一半……请时刻牢记，对成功的坚持比其他任何因素都重要。"

林肯此言的依据自然是来源于他的亲身经历。纵观林肯的一生，他上学的时间加起来也就一年左右。至于读书，林肯说过，他曾步行借遍方圆 80 千米以内所有能借到的书籍。家里的柴火通常彻夜不熄，林肯有时就借着扑闪的火光彻夜读书，天亮后起身揉揉眼，又把书摊开，如饥似渴地读了起来。他曾步行二三十千米去听一场演讲，回来后就到处找地方练习：田间、树林、人群聚集的杂货店……他还加入了新塞勒姆和斯普林菲尔德的文学社和辩论社，跟现在的你一样日夜苦练演讲。

林肯一直都有些自卑。但凡有女士出席的场合，他就变得非常局促不安。在跟玛丽·托德女士谈恋爱期间，他常常呆坐在客厅，腼腆害羞、一言不发，往往只是托德女士一个人在那儿唱独角戏。就是这样一个人，通过自学和孜孜不倦的努力，后来与久负盛名的国会议员道格拉斯唇枪舌剑，大战无数个回合；就是这样一个人，他的《葛底斯堡演说》和第二次就职演说，精彩程度堪称非凡。

想想林肯的弱点及其近乎偏执的努力，能写出“如果你下定决心要当一名律师，那么事情就已经成功了一半”之类的话自然也就不难理解了。

白宫的总统办公室挂着一幅亚伯拉罕·林肯的肖像。西奥多·罗斯福曾说过：“每当我遇到难以决断的问题时，我就会抬头看看林肯的画像，想想他会怎么做。这听起来似乎有点儿奇怪，但这却让问题变得更为简单了些。”

那么，你为什么不试试罗斯福的办法？当你心灰意懒、想要放弃的时候，为什么不从衣兜里掏出一张 5 美元纸币，看看上面那林肯的肖像，然后想想换作是林肯，他会怎么做。事实上，你知道他会怎么做，你也知道他做了什么。当林肯在国会议员竞选的辩论中输给道格拉斯时，他曾劝诫自己的追随者“不要输了一次就放弃，就算输 100 次也不能放弃”。

努力皆有回报

哈佛大学的著名心理学家威廉·詹姆斯教授曾说过下面这番话，我多么希望诸位能在每天早餐时看一看：

> 在学习过程中，年轻人无须忧虑是否最终会一无所获。只要你每天认真完成相应的学习任务，付出终有回报。只要足够努力，终有一天，你会惊喜地发现自己其实已经出类拔萃。

既然鼎鼎大名的詹姆斯教授都这么说过，我也可以放心大胆地跟你打包票：在学习演讲的过程中，只要你足够认真、足够热情，采用正确的方法不断练习，那么有朝一日你也会发现自己已经成为当地演讲界的佼佼者。尽管看起来有点儿不切实际，但事实的确如此，这就跟太阳东升西落一样，是一条放之四海而皆准的真理。当然这当中也存在极端的个例，假如一个人性格软弱而且沉默寡言，恐怕就很难成为像丹尼尔·韦伯斯特那样的演说家。但是，一般情况下，上述断言不会有错。

请允许我来展示一个具体的案例：

在特伦顿举办的公众演讲课结束之时，新泽西州前州长斯托克斯曾莅临晚宴并发表讲话，说当晚学员的演讲跟他在政府两院里听到的演讲不相上下。他所夸奖的演讲者都是一些商界人士，几个月前还为"听众恐惧症"苦恼不已。他们并非天赋异禀，他们普通得不能再普通，但是经过训练之后，他们摇身一变成了当地演讲圈的翘楚。

一名成功的演讲者需具备两个先决条件：能力和愿望。詹姆斯教授说道："无论你想获得什么，强烈的愿望是你最强大的后盾。只要你为此目标一心一意奋斗，成功迟早是囊中之物。你想变得富有，最后就会腰缠万贯；你想变得博学，最后就会学富五车；你想做个好人，最后就会一心向善。当然，前提是你必须真心实意地希望自己达成这些目标，而且在此过程中心无旁骛，三心二意肯定不成。"其实詹姆斯教授还应加上一句："如果你想成为优秀的演讲者，那么你就是下一个林肯，当然这种愿望必须要足够强烈。"

我认识许多想要拥有自信，想要登台演讲的人，最后的成功者中仅有极少数是天赋异禀，绝大部分都是街边的普通之人，而他们成功的秘诀就在于坚持。自视精明的人要么经不起挫折，要么是"金钱至上"，这种人往往走不到最后；相反，普通人思维简单，不达目的誓不罢休，反倒会后来居上。

这既是人性，也是天性使然。其他行业领域每天不都上演着相同的剧本吗？石油大亨老洛克菲勒就曾说过，成功的首要秘诀就是耐心。成功的演讲亦是如此。

福煦元帅在战场上所向披靡，而他宣称自己最大的优势就是“永不绝望”。1914 年，法国军队节节败退，一直退到巴黎附近的马恩河畔。霞飞将军严令麾下众将士决不后撤，准备反攻。随后，法德双方在马恩河鏖战两天两夜之后，福煦元帅给霞飞将军发去一封战争史上最为经典的电报，内容如下：“中军溃败，右翼后撤，形势大好，吾将反攻。”正是这次进攻挽救了巴黎。

所以，战局艰苦，希望渺茫，几近全线溃败时，请记住，此时“形势大好”，你要做的就是进攻、进攻、再进攻，如此，你终将收获勇气与信念。

登上凯泽峰之巅

多年前的一个夏天，我计划攀登阿尔卑斯山脉的一座山峰，奥地利人称之为“凯泽峰”。旅行指南上写着山路崎岖陡峭，建议业余登山者配备一名向导。我和一位朋友都是不折不扣的“业余登山者”，而且我们也没请向导。路过的同行不时会问我俩：“能上去吗？”

“当然能。”我俩回答道。

“为什么这么肯定呢？”问话的人很是纳闷儿。

“有人不带向导也上去过，”我回答道，“所以我想这是理所当然的事，我从来不会在行动之前就先想着失败。”

作为登山者，我不过是个刚入门的菜鸟。但不管做什么事情，公众演讲抑或攀登高峰，要想着自己能成功，这才是正确的心态。而在做演讲时，你就要想象自己面对听众演讲时自信满满、收放自如的样子。

要相信自己能轻松地完成任何事情，这样成功便近在咫尺；要坚信自己能够成功，这样你才会竭尽全力地做好目标达成前的每一个环节。

在美国的南北战争时期，海军将领杜邦没能把舰队带到查尔斯顿港，并为此找了一大堆冠冕堂皇的理由。一旁的法拉格特上将认真听完之后问了一句：“你好像还漏了一个原因。”

“是什么？”杜邦上将问道。

“你不相信自己做得到。”对方回答道。

大多数学员从公众演讲课上收获的最宝贵财富，就是自信心的提升，是一种他们相信自己能够做到的信念。对于想要成功的人来说，还有比这更重要的因素吗？

必胜的信念

在此，我禁不住想引用已故作家阿尔伯特·哈伯德提出的些许睿智建议。假如我等凡夫俗子能将其运用到生活中，那么我们一定会变得更加幸福、更加富足：

> 无论何时出门，请微抬下颌、昂首挺胸，吐气吸纳，坦然地沐浴阳光；遇见朋友，记得报以微笑，每次握手都要让对方感受到你的真诚。请不要忧谗畏讥，要做到人不知而不愠；不要浪费宝贵时间为你的敌人伤神。认

真想想你的目标何在，然后坚定信念，朝着终点坚定不移地走下去。专注于心中美好的愿望，随着时光的飞逝，不知不觉你已将成功的机遇牢牢握在手心，恰如珊瑚虫借助涨潮获其所需一样。脑海中始终要把自己刻画成你梦寐以求的那个年轻有为、诚实出众的人，这个念头会帮助你实现转变。精神力量是伟大的，你要保持一种正确的心态——胆识过人、坦诚直率。正确地思考就是一种创造。世间万物都源自渴望，记住：人若苦心，皇天不负。只要下定决心，就一定能实现目标。所以，请抬头挺胸，我们是蓄势待发的成功者。

拿破仑、威灵顿、罗伯特·李、格兰特、福煦，这些军事领袖都意识到决定战争成败的是有无必胜的信念及信心。福煦元帅说过："两军对垒，数量等同，最终有一方会败退，因为他们不相信自己能够取胜，因为他们已经军心涣散。"换言之，败退的一方并非实力不济，而是输在士气上，他们没有足够的勇气和信心。这样的军队是难打胜仗的。同理，没有勇气和信心的人也是难以有所作为的。

弗雷泽曾任美国海军高级随军牧师，即第一次世界大战期间应征入伍的牧师。有人问他，一个成功的海军牧师需要具备哪些基本要素。他回答道："风度、魄力、勇气、野心。"

这些同样也是一个成功演讲者的必备要素，你应以此作为你的座右铭。同时，你还应把罗伯特·瑟维斯的这首诗作为战歌：

当你迷失在那荒原里，
受惊吓活像个小孩子；
死亡之神紧紧盯着你，

不堪其扰欲饮弹而死。
可做人的准则告诉你：
努力战斗，自杀岂可以！
饥饿和痛苦易取意志，
为尊严也得玩这游戏。
你年轻你勇敢且机智，
这世道不公我也全知，
血战到底喜迎胜利时。
可别做胆小鬼，好伙计！
鼓足勇气，放弃太容易，
难能可贵在昂然挺立。
爬行后退喊叫不费力，
不见希望仍战斗不止。
这是勇者才玩的游戏！
纵使伤痛精疲力竭时，
仍需再战不管生与死。
绝境求生才是最不易！
……

小 结

1. 无论学习法语、打高尔夫，还是公众演讲，都不可能一帆风顺。这个学

习过程不会稳步提升。相反，通常在入门阶段都是迅速提高，而到了一定阶段就会原地踏步，甚至不进反退。这个静止或退步的过程在心理学家看来再正常不过，他们称之为学习过程中的“高原反应”。学习公众演讲的人会经常陷入这种困境，有时甚至会持续几个星期，而且，无论他们再怎么努力也无济于事。意志力薄弱的人往往会在绝望中放弃，而坚持下来的人会发现自己的能力竟在一夜之间突飞猛进，就像从高原起飞的飞机直冲云霄。他们好像突然之间就把握住了诀窍，在演讲中表现自如、信心满满、张弛有度。

2. 演讲开始后的一段时间，你会恐惧不安，会惊慌失措，但如果能坚持下去，这些只不过是小插曲而已。熬过开头，你就能收放自如，沉浸在演讲的快乐中。

3. 在学习过程中，年轻人无须忧虑是否最终会一无所获。只要你每天认真完成相应的学习任务，付出终有回报。只要足够努力，终有一天，你会惊喜地发现自己其实已经出类拔萃。

那我也可以放心大胆地跟你打包票：在学习演讲的过程中，只要你足够认真、足够热情，采用正确的方法不断练习，那么有朝一日你也会发现自己已经成为当地演讲界的佼佼者。

4. 要相信自己能轻松地完成任何事情，这样成功便近在咫尺；要坚信自己能够成功，这样你才会竭尽全力去做好目标达成前的每一个环节。

5. 灰心丧气时，不妨学西奥多·罗斯福的办法，对着林肯的画像自问，如果换成是林肯，他会怎么做。

6. “一战”期间美国海军高级随军牧师弗雷泽曾说，一个成功的海军牧师需具备四大要素，你还记得是哪四个吗？

第六章 提高表达能力的秘诀

第一次世界大战结束后不久，我在伦敦曾遇见过一对兄弟，即罗斯·史密斯爵士和凯斯·史密斯爵士。二人当时刚刚完成了从伦敦到澳大利亚的首次飞行。澳大利亚政府为此给兄弟俩颁发了50 000美元的奖金。他们的壮举在整个大英帝国引起了轰动，兄弟俩也因此受封爵士头衔。

著名的风景摄影师赫尔利曾搭乘二人的飞机跟拍了一段，用电影镜头记录了他们的旅程，而我则受邀为影片准备一篇解说词，并让兄弟二人接受演讲特训。一连4个月，他们每天训练两次，地点在伦敦交响乐大厅，两人分开练习，一个下午，一个晚上。

兄弟二人有着共同的经历，他们携手飞越过半个地球，讲稿内容也大同小异，但讲话的效果却迥然有别。

所以，除了文字内容，演讲还受制于其他因素，即表达方式。“与其说内容决定演讲成败，倒不如说演讲优劣与表达方式密不可分。”

有一次听音乐会，我旁边坐着一位年轻女士，台上世界级钢琴大师帕德雷夫斯基正在演奏肖邦的《玛祖卡舞曲》，她则在台下一脸困惑地看着手中的乐谱。她想不明白，同样的乐谱，为什么在帕德雷夫斯基的指尖一碰便化作天籁，让人如痴如醉，而自己演奏出来却索然无味？其实，这并非乐谱的问题，关键在于演奏的方式。帕德雷夫斯基的演奏糅合了个人情感、技巧，进而形成了自己独特的风格，而这种风格才是造成二人演奏水平天壤之别的真正原因。俄国伟大的画家卡尔·布鲁洛夫有次给学生修改画作，学生盯着焕然一新的画稿，惊叹不已："为什么！您只不过做了点小改动，感觉就完全不同了！"布鲁洛夫则回答道："艺术的开始，就是点滴的开始。"这也是演讲跟绘画和弹琴异曲同工之处。

英国议会流传着一句古老的谚语："一切在于演讲者怎么说，而不是说什么。"这句话出自古罗马修辞学家昆体良之口，当时的英格兰还只是罗马帝国无关紧要的"附属品"而已。诚然，对于这些古老的谚语应该多加斟酌，但好的表达的确可以助你一臂之力。我观摩了不少高校辩论赛，获胜者往往不是材料准备最充分的一方，而是表达更为流畅、言辞更为犀利的一方，表达的优势能让他们的内容听起来更有说服力。

莫利勋爵曾半开玩笑地说："演讲成败取决于三个要素：谁来说、怎么说、说什么。其中，第三个是最无关紧要的。"这话听起来未免太夸张，对吧？但如果你能透过现象抓住本质，那么你会发现这句话字字珠玑，没有半点儿夸大其词。

英国政论家埃德蒙·伯克的讲稿向来以逻辑严谨、条理清晰而著称，目前英国大多高校都将其讲稿作为演说课程的经典教材。然而，伯克作为一位演讲者却是相当失败。他不善表达，所以演讲中很难激发听众的兴趣。在众议院，伯克的外号叫"晚饭铃声"，每每他上台演讲，其他议员就开始大声咳嗽，然后陆陆续续地离场吃晚饭去了。

"巧妇难为无米之炊"，纵使演讲内容几近完美，配上糟糕的表达也是百无一用；相反，要是表达优美生动，其效果就如水滴石穿一般，看似柔弱却蕴含万钧之力。

那我们不妨来看看如何提升你的表达能力。

何谓表达到位

当你买好一件东西，百货公司是怎么送货的呢？是司机把东西随意扔进你家的后院就扬长而去吗？难道让东西离手就算送货上门吗？邮递员尚且需要把电报亲自交到接收人手中，那我们的演讲者能做到那样吗？

我举个例子来说明大多数人说话的方式。有一次我在瑞士阿尔卑斯山脚下的米伦镇小住，下榻的是一家英国公司创办的酒店。每周他们会从国内邀请一些知名人士给店里的客人做讲座，其中一位是英国著名小说家，她的演讲题目是《小说的未来》。她十分坦诚地告诉大家，这题目不是她自己选的，简言之，她本人对这个话题并不感冒，但又不得不为此准备，所以她匆忙地拼凑了一堆笔记。演讲时，她完全忘记了听众的存在，没有一点儿眼神交流，要么抬头看天花板，要么埋头看笔记，整场演讲，她的声音听起来空洞无力，让人完全不知所云。

这样的表现根本就不能算演讲，台上与台下似乎完全隔离，感觉倒像是演讲者在自说自话。那么，成功演讲的第一要素是什么？交流。演讲是实现听众和说话人心灵互通的媒介。至于上文提到的那名小说家，她更像是站在一片荒无人烟的戈壁滩上自言自语，而不是面对一群活生生的听众说话。

演讲中的表达方式可谓知易行难，许多人对表达也存在诸多误解、误用。

表达到位的秘诀

前文针对演讲表达说了一堆“废话”，但究竟怎样表达还是没有提及，反倒越说越神秘了，而市面上曾出现过的老式“雄辩术”让这个话题变得更加荒谬。在任何一个图书馆或者书店，你都能找到成百上千册有关“雄辩术”的书，当然，这些书百无一用。尽管时过境迁，现在仍然有许多学生在背韦伯斯特、英格索尔当年就演讲提出的条条框框——这些内容早就该作古，要是韦伯斯特和英格索尔能穿越到现代，他们那时候流行的打扮也必然跟现在的风格格格不入吧。早在南北战争时期，一个全新的演说学派已经诞生，这个学派主张与时俱进，讲求直抒胸臆，曾经风靡一时的唇枪舌剑式的演讲风格已不再是听众的兴趣所在。

不管是十几个人的小型商务会谈，还是成千人的大型集会，现在的听众都希望演讲者能直奔主题，就跟日常聊天一样，不拐弯抹角。

注意，这里我指的是说话方式，不是语气。如果演讲时声音像平常那样，估计没几个人能够听得清楚。在面对听众时，演讲者说话应该更有张力，这就和广场上的雕像一样，要想让人看得真切就必须造得宏伟高大。

马克·吐温曾在内华达为一群矿工做演讲。结束时，一位老工人上前询问道：“你平时说话都是这样吗？”

这就是听众的需求——你平时说话的风格。

当你在社区福利基金组织演讲时，按你平时说话的风格依样画葫芦就可以了。一场社区会议算什么？只不过是多了几个聊天的人而已。你可以跟一个人聊得热火朝天，难道面对一群人就不行了吗？

再回到刚才提到的酒店邀请知名人士做讲座的事，几天后，还是在那个演讲大厅，我有幸聆听了英国物理学家奥利弗·约瑟夫·洛奇爵士的演讲，他的题目是《原子和世界》。这个话题事实上已经成为他生活和思维不可分割的一部分，因为他从事这块领域研究足有半个世纪之久，同时，就这一话题而言，他的确“有话要说”。在演讲中，他似乎完全忘记了自己是在演讲——谢天谢地，这“忘”得真是美妙绝伦！他根本不在意自己是在做演讲，只是一心想着如何浅显生动地向听众介绍原子，他渴望我们能通过演讲“见他之所见，想他之所想”。

结果自然不言而喻，洛奇爵士的演讲大获成功。这场演讲极富张力、妙趣横生，听众对其印象极为深刻。洛奇爵士绝对是位出众的演说家，当然，我认为他在演讲时肯定不会意识到这一点，而且我还敢断言没有人在听过他的演讲之后会不把他当作演说家。

如果有人读完这本书后，在做公开演讲时让人一听便知你受过这方面的训练，那么我不会以此为荣。我更希望你在演讲时能更自然一点，让你的听众压根儿想不到你曾受过训练。一面窗户，阳光透过玻璃照亮房间，但其本身并不引人注意，一名优秀的演讲者也应如此，他应在台上游刃有余、收放自如，让听众忘记演讲者本身，从而全身心地投入演讲内容。

亨利·福特的建议

福特公司的创始人亨利·福特曾说过：“所有的福特汽车看起来都差不多，

但人不一样，每个新生命的出现都意味着全新的开始，都是‘前无古人，后无来者’的。年轻人应该有自己的想法，要追求个性的闪光点，这样才能与众不同，彰显自身的价值。社会和学校总是试图消磨我们的个性，只因模式化是他们的目的。但此处我要说的是，不要丢掉自己的闪光点，这才是你最宝贵的财富。”

这句话放在公众演讲里无疑也是适用的。在这世界上，你的存在是独一无二的。所有人都长着两只眼睛、一个鼻子、一张嘴，但没有谁跟你长得一模一样，也没有人拥有与你一样的个性和思维。当然，你说话的方式也是独一无二的，换言之，你拥有鲜明的个人特征。作为演讲者，这就是你最宝贵的财富，你得好好珍惜、牢牢抓住，并妥善加以利用。个性的火花能让你的演讲富有张力、饱含深情。记住，个性是你最宝贵的财富。

奥利弗·约瑟夫·洛奇爵士的演说之所以与众不同，是因为他有鲜明的个性特征。他的表达方式从本质上说就是其个性的彰显，就好比他标志性的胡子和秃顶一样，人们一看便知。如果他去刻意模仿劳合·乔治，那他的演讲注定会以失败告终。

1858 年，史蒂芬·道格拉斯与亚伯拉罕·林肯在伊利诺伊的草原小镇上展开了一场举世瞩目的辩论。林肯身材高大、举止笨拙，道格拉斯个头儿不高、温文尔雅，而且他们的内在性格也千差万别。

道格拉斯是名门之后，颇有修养；林肯却是“草根出身”，不拘小节。道格拉斯举手投足间显得优雅非凡，而林肯则看起来难登大雅之堂。辩论时，道格拉斯缺乏幽默感，而林肯则是个讲故事的老手；道格拉斯一本正经，不苟言笑，而林肯则旁征博引，妙语连珠；道格拉斯态度傲慢，盛气凌人，而林肯则礼让有加、谦和宽容；道格拉斯反应迅速，伶牙俐齿，而林肯则慢条斯理，从容不迫。两人风格迥异，但都是卓尔不群的演说家，因为他们都拥有非凡的勇气和强烈的自我意识。如果其中一方试图模仿另一方的风格，那结果无疑是一场惨败。好在两人都将自己独有的才能发挥得淋漓尽致，其鲜明的个性也得以彰显。中国有一句老话："世上无难事，只怕有心人。"因此，不妨振作起来，学学他们吧。

这话说起来容易，可要是真做起来容易吗？可以肯定地说，很困难。正如福煦元帅在谈及战争艺术时曾说的那样："纸上谈兵容易，上阵打仗却难。"

要在听众面前显得从容自然，这绝对需要下一番功夫不可，演员们对此必然有更深刻的体会。当你 4~5 岁时，你或许能大大方方地登台做诗歌朗诵，但到了 24 岁呢？ 44 岁呢？你还做得到吗？你还能像儿时那样放得开吗？你或许会四肢僵硬、缩手缩脚，恨不得自己变成一只海龟，可以把头缩进壳里去。

训练表达能力的目的不在于增加额外的性格特征，而是要去除性格中的不良因素，并以此实现自我解放，让演讲者做到即使被枪顶着后脑勺也能泰然自若。我曾多次中途打断学员的演讲练习，并恳求他们"说得更自然一些"。训练他们更自然地演讲绝非易事，不知有多少个夜晚，当我完成一天的培训后，回家时已是心力交瘁。

实现这一目标的唯一途径是不断练习。在练习过程中，当你感觉自己说话不太自然，你就应该暂停一下，然后心里默念："嘿！怎么搞的！快醒醒！要说'人话'！"然后想象自己正在演讲现场，台下座无虚席，你从后排听众里挑一个看起来最木讷的人，然后跟他说说话，其他听众就暂时别管了。想想你们二人一问一答的情形，假如他起身跟你交谈，那你也照做。这个过程能马上让你的讲话变得更自然、更直接。

此外，你还可以自问自答。譬如，你可以在演讲中这么说："你问我这样说有什么依据？好吧，我的确有充足的理由，让我一一道来……”然后你可以就此问题进行回答。这样自问自答操作起来非常容易，而且可以避免自己的表达千篇一律，从而使演讲更加自然、生动、直接。

真诚和热情对你同样会有所帮助。当一个人沉浸于感情世界时，他就会展现真正的自我。炙热的情感能够燃尽樊篱，而繁华落尽之时，演讲者也将洗尽铅华，返璞归真。所以，关于表达方式的探讨最终又回到了我们反复强调的那条原则——全身心投入。

在耶鲁神学院做布道演讲时，布朗博士曾说过下面这番话：“一位友人跟我描述过他在伦敦参加一场宗教仪式的情景，那场面让我一生都难以忘怀。仪式的布道者是乔治·麦克唐纳。那天早上，他读了《希伯来书》第十一章。他在布道时讲：‘你们对这群信仰者已经了如指掌，我也无须在此赘述何谓信仰，诠释信仰应该交给神学研究者来做，我在此，是为了帮助你们坚定自己的信仰。’接着，他用浅显、诚挚的语言娓娓阐述‘信仰无处不在’，与此同时，在场听众似乎与之产生了强烈的共鸣。他已将灵魂献给了自己的事业。他的内心至善至美，所以他的表达无疑是成功的。”

“他已将灵魂献给了自己的事业。”这就是提高表达能力的秘诀。我知道，这个说法可能有点空泛。一般学生都想得到一些实质性建议，这些建议还得像《用车指南》一样罗列成条款。这是学生想要的，我又何乐而不为呢？这样他们觉得轻松，我也不用劳心费神。但问题在于，这些东西并不实用。它们会让你的演讲失去自然本色。我年轻时也曾在这些无意义的条款上浪费了大把时间和精力，所以我不会让这些东西出现在本书中。正如乔希·比林斯所言：“知道再多没意义的事，不还是没意义吗？”

演讲时你会做这些事儿吗

接下来，我们打算谈一谈自然的演讲有哪些特点，以便让大家对此有更清楚、更生动的直观感受。其实我一直在犹豫到底要不要讨论这个话题，因为肯定有人会说："哦！我明白了，只要按照要求做不就可以了？"不，这样行不通。强迫自己那样做只能让你的演讲不仅呆板，而且机械。

其实这些技巧你一直都在用，只不过没意识到而已，就像你从来不会留意自己晚饭吃的东西是怎么消化的。其实这就是使用演讲技巧的最高境界——浑然不觉。要想在公众演讲中将这些技巧运用得出神入化，唯一的办法就是勤加练习，这一点我们在前文中已多次提及。

重读重要词汇，弱化次要词汇

在交谈中，我们有时会故意强调单词的一些音节，而其他的音节则迅速读过。例如：MassaCHUsetts，afFLICtion，atTRACtiveness，enVIRonment（大写为重读音节）。在句子中也一样，一个句子里，我们也会强调其中的一两个关键词，让它们像帝国大厦一样显眼。

我此刻描述的并非什么古怪或者异常现象，但请注意，诸位随时都能听见别人这样说话，你自己昨天就说过数百次，甚至上千次，你明天无疑还会说上数百次。

举个例子，读一读下面这段话，重读粗体字，其他地方快速读过，听听会是什么效果。

> 无论做什么，**我都能成功**，因为我**渴望成功**。我**从来不会**优柔寡断，这是我胜过其他所有人的优点。
>
> ——拿破仑

这不是读这句话的唯一方法，换个人来可能读法又变了。如何重读没有整齐划一的规则，一切视情况而定。

下面是两段文字，请富有感情地大声朗读，试着将文中的意境和含义表现出来，你看看自己是不是也采用了重读重要词汇，其他地方一带而过的方法。

> 如果你认为自己已经失败了，那你就失败了。
> 如果你认为自己不敢去做，那你也不会去做。
> 如果你渴望取胜却认为自己不能取胜，
> 那你多半不会取胜。
> 生活并非总考验强者，
> 可自认为能取胜者迟早会是胜者。
>
> ——佚名

> 就人的性格来说，没什么比坚定不移的决心更重要的了。年轻人，无论你是想成为伟人，或是欲在未来的岁月里做出一番事业来，你不单要有

排除万难的心理准备，更要有承受无数挫折与失败的毅力。

——西奥多·罗斯福

变换自己的语调

说话时，我们的语调会抑扬顿挫，不会一成不变，这跟潮起潮落是一个道理。至于其中的原因，没人说得清，也没人在意。语调的变化会让声音变得更悦耳动听，这仿佛就是一种天性，似乎也没人专门学过。从孩提时代开始，我们就不自觉地这样使用，但起身面对听众时，我们的声音就变得像内华达州的碱性沙漠一样沉闷单调、毫无生气。

当你发现自己演讲时的语调没什么变化时——通常会是单一的升调，那就应该暂停几秒，然后在心里问自己："我怎么就像个木头人一样在说话呢！我是在面对听众，要表现得自然一点！"这样的自我提醒会对你有帮助吗？可能会有。暂停本身就有效果。但你仍需要通过不断地练习找到解决问题的办法。

你可以挑选一些单词和词组然后进行突然升降调的练习。著名的公理会神父帕克斯·卡特曼博士经常这么做，还有奥利弗·约瑟夫·洛奇爵士、布莱恩、罗斯福等著名的演说家都采用过这种方法。

下面几句话，试着用降调朗读斜体字，其余部分用正常语调，看看会是什么效果。

1. 我只有一个优点，就是*永不绝望*。

——福煦元帅

2. 教育的伟大目标不是传授知识，*而是引导行动*。

——赫伯特·斯宾塞

3. 我已经 86 岁了，见证过无数人登上成功之巅，而在所有成功的要素中，*首要的是有信念*。

——吉本斯

变换自己的语速

无论是小孩儿说话，还是成人间进行日常交流，他们随时都在不停地变换自己的语速。语速的变化会让人听起来不仅自然，而且悦耳，这同样是一种无意识的行为，目的在于强调。事实上，变换语速是最好的强调方式。

在密苏里历史协会出版的《记者眼中的林肯》一书中，作者沃尔特·史蒂文斯介绍了林肯在阐明某个观点时最喜欢采用的方法：

> 对一些次要词汇，林肯会一带而过，然而一到需要强调的地方，他会放缓语速，有意重读，接着又回归到正常语速说完句子。他在一两个关键词上花费的时间几乎等同于非重点部分之和。

这种办法可以轻松赢得听众的注意。举个例子，我经常会在演讲中引用吉本斯的语录，我想强调勇气，因此我会在读下文中斜体字时放慢语速，好让听众觉得我对这句话深有感触。不妨试着用我的方式把吉本斯的话再读一遍，看看会有什么效果。

在其弥留之际，吉本斯曾说过：

> *我已经86岁了，见证过无数人登上成功之巅，而在所有成功的要素中，首要的是有信念。一个人若是没有信念，那么他将一事无成。*

不妨试试这个：轻描淡写地快速念一遍“3 000万美元”，让自己的语调听起来就好像那数字不值一提似的。然后你再声情并茂地慢读“3万美元”，让人听起来觉得你好像被那3万美元的巨额数目深深震撼了似的。对比看看，你有没有觉得3万美元听起来比3 000万美元还多呢？

在重点前后要停顿

林肯在演讲时会经常停顿。当他说到某一个要点时，为了给听众留下深刻的印象，他会微微前倾，盯着他们，一动不动、一言不发。这样的沉默能有效地吸引听众的注意，让他们准备好接受随后到来的信息。比如，林肯和道格拉斯的辩论接近尾声时，尽管种种迹象表明林肯必败无疑，他变得十分沮丧，又犯起了忧郁的老毛病，其言谈中也透露出一丝伤感。但在总结性发言时，林肯忽然“停止说话、一言不发”，然后环顾四周，听众中有人面露鄙夷，有人泪眼婆娑，林肯的双手合拢，好像自己非常厌倦这种毫无意义的争斗。接着，他用自己独特的音调继续说道：“朋友们，我想说，道格拉斯法官与我，无论谁当选参议院议员，其实都没多大区别。重要的是，我们今天在诸位面前的辩论已经超越了彼此的个人利益和政治前途，我的朋友们。”说到这里，林肯又停顿了一下，而此刻听众都已经开始关注他的演说，“眼前这一大事，即便在可怜、微弱、难以言尽的道格拉斯法官和我本人长眠地下后，仍将会留存、呼吸并燃烧”。

一位林肯传记作家这样评价道：“这些质朴的话语加上林肯的表达方式，让在场的每一个人深受触动。”

林肯同样也习惯在强调完重点后稍作停顿，短暂的沉默不仅有助于听众消化理解，而且能增强演讲本身的感染力。洛奇爵士在演讲中提到重点时，前后都会有片刻停顿，他一句话里的停顿能有三四次，但这绝非刻意为之。除非有人专门研究洛奇爵士的演讲风格，否则一般人是难以察觉的。

诺贝尔文学奖得主吉卜林曾说过：“通过沉默，达到无声胜有声之目的。”在演讲中，没有任何东西比使用停顿更能体现“沉默是金”这一道理。这个工具非常强大，也十分重要，但人们经常将其忽略，尤其是演讲新手。

下面这段话节选自霍尔曼的《滔滔不绝》，我在演讲者可停顿的地方已经做了标注。需要说明的是，那并不是必须停顿的地方，也不一定是停顿得最好的地方，只是其中一种方式而已。停顿没有整齐划一的标准，它取决于读者对文章的理解和感悟，当然也与个人性格有关。也许同一篇讲稿，你今天在这个地方停顿，明天可能又会在别的地方停顿。

先不作停顿把这段话读一遍，然后根据我的提示加上停顿再读一遍，看看效果有什么不同。

销售就是一场战争游戏。（停顿，让听众回味“战争游戏”一词的含义）只有真的勇士才能获得胜利。（停顿，让听众充分领会此句的含义）也许我们会对规则有诸多不满，但是，规则不是由我们制定的，我们因此便无权改变。（停顿）一旦你投身于该游戏中，那你就一定要拿出足够的勇气。

（停顿）如果没有勇气，（停顿一秒）那么每轮游戏你都会出局，而且一分都拿不到。（停顿）要是惧怕对方的投手，那么没人能击出全垒打。（停顿，让听众领会此句的含义）请记住这一点。（停顿）能够击出全垒打的伙计一定是敢于行动的人。（长停顿，为下文做铺垫）这样的球员，内心一定无比强大。（停顿）

请大声且有感情地朗读下列引文，看看你会在哪些地方做出停顿：

美国最大的沙漠并不在爱达荷州、新墨西哥州或亚利桑那州，而是在每个人的帽子下面。美国最大的沙漠是思想的沙漠，而不是眼中所见到的沙漠。

——J.S. 诺克斯

世界上没有包治百病的神药，最接近此药的东西就是公共宣传。

——福克斯维尔教授

这世上有两个人我不敢得罪——一个是上帝，而另一个是加菲尔德，今生我必须和加菲尔德生活在一起，而来世，我必须与上帝同在。

——詹姆斯·A. 加菲尔德

即使有的演讲者按照我提到的方法去做，可能仍然会有诸多不足。有的人平常说话不太注意语音语调，言语唐突，或是犯语法错误等，那么要是在演讲时跟平时保持一致就会出现各种问题。一个人平时自然的说话方式同样也有需要改进的地方。你要做的就是完善自己日常说话的方式，然后按照这种方式登台演讲。

小　结

1. 除了文字内容，演讲还受制于其他因素，那就是表达风格。“讲什么内容不如怎么讲重要。”

2. 许多演讲者在台上时，眼神总是四处乱飘，但就是不看听众，仿佛是在自言自语。这样听众和演讲者之间没有任何交流。要是以这种方式去跟人交谈，那么最后肯定不欢而散，而演讲亦如此。

3. 好的表达应该采用交流式的语气，而且直入主题。你平常跟一般人怎么说话，对社区福利基金会的人演讲时也就怎么说，只不过是跟一群一般人说话而已。

4. 每个人都有演讲的才能，如果不相信你可以做个实验：挑一个你认为最不会说话的人，然后一拳把他击倒，等他站起来后，你看他会不会说点什么，而且那时候他的表达方式将近乎完美。我们希望，你在做公众演讲时，也能有自然的表现。想做到这一点，你必须勤加练习，不要模仿他人。如果你能毫不做作地发表演讲，那么你的风格自然也会与众不同。在演讲中一定要彰显自己的个性。

5. 把听众想象成站在你跟前一起聊天的友人。如果有人能站起来向你发问，你的表达方式肯定会自然许多。所以，你可以假设有人向你提问，你也据此做出回应，那样你就可以大声地说：“你问我是怎么知道的？很好，事情是这样的……”这种自问自答应该是最自然的表达方式，它能让你的措辞富有变化，同时还可以让你的演讲变得更加真实自然。

6. 全身心投入演讲中。演讲时，真情实感比五花八门的技巧更有用。

7. 下面有 4 条演讲技巧，在日常对话中我们都在本能地使用，但你能把它们运用在公众演讲中吗？绝大多数人做不到。

（1）在一句话里，你有没有对关键词和非关键词在重音上进行过区分？还是说对所有单词都采用一个声调？

（2）在演讲时，你的音调有没有做到抑扬顿挫，就像小孩子说话那样？

（3）你在演讲时有没有变换语速？有没有做到次要信息一带而过，而重要内容放缓语速？

（4）在重点内容前后，你有没有稍作停顿？

第七章
台风与个性

卡耐基技术学院曾经对100名商界精英做过智商测试。该测试与军方战时测验模式类似。学院根据结果公布了这样一项结论：个性在商业成功中起到的作用远超智力因素。

对商人、教育者、专业人士、演讲者，乃至各行各业的人来说，这项结论都非常重要。

除了准备工作，人的个性可能是最能影响演讲的因素。美国著名作家阿尔伯特·哈伯德曾说过："在演讲中想要征服听众，制胜的因素绝非内容，而是个性。"当然也可以说是"有思想的个性"。"个性"一词含义非常模糊，难以言喻。它是一个人所有特征的集合：生理特征、心理特征，此外，还包括个人偏好以及气质、经验、思维习惯等诸多因素，其复杂程度与爱因斯坦那晦涩难懂的相对论不相上下。

人的个性主要由遗传、环境因素决定，而且很难改变。但是，我们可以设法加强个性特征，让它变得更有魅力。至少，我们可以竭尽全力地去利用这笔天赐的财富，这一点对所有人来说都至关重要。尽管个性改善的空间非常狭小，但就此展开讨论和研究仍然大有余地。

如果你想最大限度地利用自己的个性，一定要提前着手准备。一个无精打采的演讲者是没有任何吸引力的，不要等到演讲迫在眉睫才临阵磨枪，为了弥补浪费的时间而疯狂地准备，千万不要做这种傻事，这样的失败案例可谓数不胜数。如果你这么做，那就等同于全身上下除了大脑都处于休眠状态，你只会变得愈加迟钝，效率也越来越低。如果下午 4 点有个重要演讲，午饭不要吃得太饱，如有可能，中午小憩一下，这能让你的身心都得到很好的休整。

美国女高音歌唱家杰拉尔丁·法勒每次聚会总会早早地跟朋友道别离席，留下自己的丈夫陪朋友们继续聊天，这让一些与她相识不久的人非常惊讶。法勒知道，她必须这么做，全因艺术要求使然。

诺迪卡夫人曾说过，作为首席女歌手就意味着要放弃自己喜欢的很多东西：社交活动、朋友以及美味佳肴。

如果你有一个重要讲话，一定不能吃得过饱，要严格控制饮食。亨利·沃德·比彻每周日晚都有演讲，所以他会在下午 5 点吃些饼干牛奶，之后便不再进食。

澳大利亚著名歌剧演员梅尔巴夫人曾说："晚上有演出时，我会不吃晚饭，只在下午 5 点钟简单地吃点零食，一块鸡肉、鱼肉、牛肉，外加一个烤苹果和一杯水。等歌剧或音乐会结束回到家时，我总会有饥肠辘辘之感。"

他们的做法非常明智，这一点直到我成为职业演讲者后才有所体会，曾几何时，我经常在享用一顿大餐后去做两个小时的演讲。时间一长我就发现，饱餐一顿后我的大脑和身体都有点不听使唤，甚至感觉大脑供血不足，或许是血液都跑到胃里跟牛排土豆较劲儿了。帕德雷夫斯基说得很在理：如果演奏前没忍住口腹之欲而大快朵颐，那么在演出的时候，他的手指就会变得十分麻木。

为何有的演讲者比他人更具人气

不要做浪费精力的事。我在挑选演讲者和演讲教师时看重的首要特质就是有吸引力、有精气神、有活力、有热情。精力充沛的演讲者，恰如秋天麦田四周的大雁，更受听众青睐。

这一点在海德公园就有所体现。海德公园位于伦敦大理石拱门附近，这里会集了许多不同信仰、不同肤色的演讲者。星期六下午，你可以根据自己的喜好去听一场演讲。有的演讲者被围得水泄不通，而有的人跟前却门可罗雀，为什么？是因为不同的话题对听众的吸引力不一样吗？不是。问题出在讲话人本身：这些不太受待见的演讲者要是再幽默一些，听众自然会感兴趣。表达要接地气，要体现出精气神。一个充满活力、激情四射的演讲者总能吸引大家的注意。

衣着打扮对你的影响

一位心理学家兼大学校长曾向很多人发过问卷调查，询问衣着对他们的影响。结果参加调查的人无一例外地表示，假如衣着得体，即使被问到很难解释的问题，他们也能应付得比较顺利。穿着得体不仅能带来自信，同时还可以让人感觉更有面子。被调查者觉得，有了成功的外形后，再想要追寻成功似乎简便得多。这就是衣着打扮对人的影响。

那么，演讲者的衣着对听众又能产生哪些影响呢？我经常发现一些不修边幅的演讲者：男的就穿一条松松垮垮的裤子，套上一件邋遢的外衣，鞋子也不知多久没上油了，几支笔耷拉在胸前的衣兜里，两侧的口袋里鼓鼓囊囊地塞着一份报纸、一个烟斗或者一盒烟草；而有的女士登台时连衣服都没整理妥当，手上还拎着个皱巴巴的手提袋。我注意到听众对于这类不注意自身形象的演讲者一般也不太上心，他们难免会想，这些演讲者的思维会不会跟他们的打扮一样凌乱不堪呢？

格兰特将军的终生遗憾之一

在阿波马托克斯向格兰特将军投降时，南部联邦军队统帅罗伯特·李穿着一身整洁的戎装，腰间挂着一柄价值不菲的佩剑，而格兰特则截然相反，他只穿着衬衫以及二等兵的军裤。在格兰特将军的回忆录里，他曾这样写道：“对面站的那人戎装得体、仪表堂堂，对比之下，当时的我肯定相形见绌。”事实上，在如此重要的历史时刻，格兰特将军的穿着的确不太合适，这一点也令他抱憾终生。美国农业部在华盛顿的实验农场有数百个蜂箱。每个蜂箱里都装有一面放大镜，只要按一下照明按钮，不论白天黑夜，蜂房里发生的一切都能看得清清楚楚。演讲者又何尝不是如此：他也是身处放大镜中，聚光灯下，成为众人的焦点，哪怕外形上的一丁点儿瑕疵都会被无限放大。

在登台演讲前，成败已有定论

多年前我曾为《美国》杂志撰写一篇关于一位纽约银行家的生平事迹。为了弄清他成功的原因，我还请教过他的一位好友。这位朋友说，这主要应归功于这位银行家迷人的微笑。乍听此言，人们可能会觉得有点夸大其词，但我倒相信这是真的。可能还有许多人比他拥有更丰富的经验、更灵活的经济头脑，但这位仁兄拥有一门看家绝技，那就是极具亲和力的个性，而最显著的特征就是他那迷人的微笑。面带微笑能迅速俘获一个人的信任，同时也能快速传递善意。这样的人取得成功是众望所归，而且我们也乐于为他提供帮助。

中国有句俗话叫“人无笑脸莫开店”。演讲者跟商店柜员一样，也需要对听众笑脸相迎吗？说到这儿，我想起了一位非常特别的学员，他参加了由布鲁克林商会组织的公众演讲课程。每次他都是满面春风地出现在听众面前，他仿佛是在用笑容传递讯息：他很喜欢上这课；他很喜欢刚刚结束的工作；他很高兴见到大伙儿。结果自然不言而喻，所有的听众很快就喜欢上他，同时也对他热烈欢迎。

当然我也遇到过一些不苟言笑的演讲者，他们总是摆出一副很不情愿的样子，总是恨不得演讲快点结束，而这样的态度同样会传染给听众。

著名社会心理学家奥弗斯特里特在其《影响人类的行为》一书中讲道：“惺惺相惜。如果你对自己的听众展现出极大的兴趣，那么他们同样也会对你另眼相看；如果你对自己的听众怒目而视，那么他们也会以相同的方式向你‘致意’；如果你在自己的听众面前颤颤巍巍、惊慌失措，他们则会对你失去信任；

如果你厚着脸皮自吹自擂，那么出于自我保护，你的听众想必也不会自轻自贱。事实上，在我们登台演讲之前，成败早有定论。所以，我们一定要确定自己的台风能够引起听众的热切回应。”

让你的听众集中坐在一起

作为一名公众演讲者，我经常会遇到这种情况，下午在一个空旷的大厅里对着一小群人演讲，而晚上又在同样的地方面对一大拨听众。我发现，演讲过程中同样的笑点，晚上的听众时常开怀大笑，而下午的听众往往只是报以微笑；说到精彩之处，晚上的听众会报以热烈掌声，而下午的听众却几乎无动于衷，这是为什么呢？

有一个原因，就是下午的听众大多是妇女儿童，情感表露相对含蓄，因此不及晚上的听众反响那么热烈，但这只不过是其中的一部分原因而已。

事实上，分散的听众是很难被感染的，没有什么比互相之间隔着空旷的座位更能影响他们的激情。

亨利·沃德·比彻在耶鲁大学做演讲时曾说：“人们经常问我：‘难道你不觉得面对一大拨听众比只针对一小拨听众做演讲更能激发灵感吗？’答案是否定的；面对 12 个听众的效果也能与上千人的大型演讲相媲美，当然，前提是这 12 个人都在我周围。假如有 1 000 名听众，但彼此间坐得稀稀拉拉，那么这样无异于在一座空荡荡的大厅演讲。把你的听众集中起来，这样你可以轻而易举地调动起他们的情绪。”

人都有“从众心理”，尤其是一大拨听众聚在一起的时候，人会很轻易地失去个性。作为群体的一员远比作为个体更容易被支配。在讲座上，同样的笑料，如果周围人多，那么某个听众就会笑声不停、掌声不断；反之，周围没人时，他可能就没什么反应。

让群体做出行动比让个体行动简单得多。士兵们奔赴前线时总是义无反顾地冲锋陷阵，因为他们彼此的命运已经紧紧地联系在一起。

人群！人群！人群！这种从众心理是个非常有趣的现象。几乎所有伟大的运动和改革都离不开从众心理的帮助。埃弗利特·迪恩·马丁曾就此现象写过一本有趣的书，书名叫《群体行为》。

如果听众不太多，我们应该选择小一点的房间，宁愿让屋里的过道挤满人也比一个听众坐得七零八落、说话都有回声的大房间要好得多。

如果听众坐得分散，一定要在演讲前请他们起身坐到前排靠近你的地方。

除非听众较多，且确有必要，否则演讲者不要站在讲台上。你应该走下讲台，拉近与听众的距离，打破拘谨的枷锁，和他们亲密互动，让演讲变得跟对话一样。

庞德少校砸碎窗户的玻璃

演讲时要保持室内空气流通。要知道，演讲过程中，新鲜的空气和嗓子一样重要。如果空气浑浊，纵使你有西塞罗那样雄辩的口才，或是玛丽莲·梦露那样的美貌，你也很难唤醒昏昏欲睡的听众。因此，当我前面一位演讲者结束之后，我在开始之前，通常会让听众休息两分钟，站起来活动活动筋骨，同时把窗户都打开。

14 年以来，詹姆斯·B. 庞德少校一直以经纪人身份，跟随布鲁克林著名的传道士比彻走遍美国、加拿大各地。每次听众入场前，庞德都会先行踩点，仔细检查现场的灯光、座位、温度以及通风设备。庞德之前是一名军官，脾气非常暴躁，而且动不动就要大牌。要是演讲场地太热，或是空气不流通，又恰逢他打不开窗户时，他就会抄起几本书把玻璃砸碎。他把斯珀吉翁的一句话当作信条："对传道士而言，除了上帝的恩泽，氧气是最好的东西。"

让灯光打在你的脸上

尽可能地让光线洒满演讲大厅的每个角落。要在一个昏暗的房间调动听众的激情，其难度不亚于赶鸭子上架。

读一读著名导演大卫·贝拉斯科关于舞台制作的文章，你便会发现很多演讲者对于灯光效果对演讲的重要性浑然不觉。

一定要让灯光打在你的脸上，你的听众希望能看到你，你表情每一点细微的变化都能非常真实地反映出你的个性。有时候，这甚至比语言更有说服力。如果你只是站在聚光灯下，那你的脸可能会因为光影而模糊不清；但要是你面向灯光站立就不会出现这个问题。因此，在登台演讲之前，选择一个灯光效果对你最有利的点来落脚是不是更明智一点呢？

讲台上不要有遮挡物

请不要站在讲桌后，听众想要看到一个完整的演讲者，他们甚至会为此在走廊上踮着脚一窥究竟。

某个好心之人一定会为你准备一张讲桌，上面备好水杯。但如果你的嗓子有点干涩，不妨在嘴里放少许盐，或是喝一口柠檬水，唾液会立刻像尼亚加拉大瀑布一样分泌出来。

所以，其实你并不需要水壶或者水杯，更不需要在桌上摆些乱七八糟的杂物，这样反而让讲台看上去凌乱不堪。

百老汇的汽车展厅看上去非常整洁漂亮，让人赏心悦目；香水珠宝公司在巴黎的办事处布置得极尽奢华而又不失高雅。为什么？很简单，生意需要。人们对如此陈设的一家商铺更为尊重、更有信心、更加钦佩。

同样的道理，演讲者也应该有一个让听众看上去非常舒服的讲台。在我个人看来，理想的布置应该是台上没有任何陈设。演讲者周围不需要任何可能分散听众注意力的东西，只需身后的一块深蓝色天鹅绒幕布。

然而演讲者身后通常会有些什么物件呢？地图、标语、桌子，还有许多不曾清扫的椅子以及其他杂物。那是什么样的效果呢？看上去给人一种低廉、邋遢、混乱的感觉。所以，演讲前一定要把这些没用的东西清理掉。

亨利·沃德·比彻曾说过："演讲中最重要的莫过于演讲者本身。"因此，一定要凸显出演讲者的形象，恰如瑞士蓝天映衬出冰雪覆盖的少女峰！

讲台上不要有嘉宾

我曾去加拿大安大略省参加过某个会议，加拿大总理当时正在演讲，突然，一个管理员出现在听众的视野里，他举着一根长竹竿，把讲厅里的窗户挨个儿打开，以保证空气流通。结果，听众的注意力瞬间从演讲者转移到了那名管理员的身上，好像他正在表演魔术似的。

听众对移动的物体几乎没有丝毫的抵抗力，其实他们本身对此也并不抗拒，他们就是想要看一眼。演讲者只有牢记这一点才能避免不必要的麻烦和困扰。

首先，在演讲过程中要避免一些小动作，如揉动大拇指、摆弄衣服等，这些因为紧张而做出的小动作会分散听众的注意力。我记得在纽约的一场演讲上，一位听众盯着演讲者的手足足看了半个小时，其原因就是演讲者在说话时，手却在不停地摆弄着桌布。

其次，如果有可能，演讲者要尽可能合理地安排听众的座位，确保在演讲过程中，听众不会因其他人进进出出而分散自己的注意力。

最后，演讲者不要和嘉宾同台而坐。多年前，雷蒙德·罗宾斯曾在布鲁克林做过系列演讲，我和其他嘉宾受邀上台与主讲者同坐。而我认为这对演讲者是不公平的，所以婉言谢绝。我发现，第一天晚上，台上的嘉宾不时跷起二郎腿，每次只要有人稍做动作，听众的注意力马上就会被吸引过去。第二天我便提醒了罗宾斯先生，而在接下来的演说里，他也非常明智地选择了“独占讲台”。

大卫·贝拉斯科决不允许舞台上有红花，因为这东西太显眼了。那么，一个演讲者能忍受在他讲话时还有其他人面对自己的听众动个不停吗？绝对不能。只要演讲者足够明智，他就不会答应。

坐姿的艺术

演讲前，演讲者最好不要坐着面对听众，这样更能彰显活力。

但是如果他非坐不可，那就要注意坐姿。你肯定见过一些演讲者想要坐下时的表现，他们四下张望着寻觅椅子，动作就像处于狩猎时调整姿势的猎狐犬，找到椅子后，他们就像烂泥一样瘫在上面，而失去其应有的风度。

有正确坐姿的人能感觉到椅子抵着腿肚子，身体从头到臀部要很容易直立起来。这种人即使坐着也能完美地掌控身体。

优雅的姿势

我们在上文说过，演讲时不要摆弄身上的物件，这会分散听众的注意力。其实，除此之外还有一个原因，这样的动作会给人留下软弱、缺少自控力的印象。演讲时的任何动作都会产生连带效应，要么能提升你的气场，要么会分散听众的注意力。所以，在台上一定要扎稳脚跟，不要乱动，这样听众才会觉得你内心强大、姿态优雅。

准备起身演讲时，不要着急开口，这样会显得自己不够专业。做深呼吸，凝视听众，如果场下有点嘈杂，不妨暂停片刻，等到安静后再开始。

要挺起胸膛。其实你在平时就该养成这样的习惯，而不是演讲时才刻意为之。“只有十分之一的人能以最佳姿态示人。大多数人都习惯耷拉着脑袋，缩着脖子。”古利克在其《高效生活》一书中这样讲道。同时他也推荐了一种日常练习方法：“慢慢地深呼吸，吸到底，同时用手按住颈椎，努力让它接近领口，坚持一会儿。这个动作看起来比较夸张，但绝无坏处，其目的是拉伸你双肩之间的那块背肌，这样有助于你挺起胸膛。”

演讲时手又该放哪儿？忘了它们吧。演讲时最理想的状态是双手自然地垂放在身体两侧。如果双手僵直得像两边各挂一串香蕉，那么你别天真地认为听众不会注意到这些细节，或者对此不感兴趣。

双手最好还是轻松地放在身体两侧，这样最不引人注意，再苛刻的人对此也无话可说。此外，在这种姿势下，如果有需要，双手可以很自然地做出各种动作。

但是，如果你实在紧张，不自觉地就把双手背在身后、插进裤袋或是搭在桌上，那又该怎么办呢？用你的常识想想吧！我听说当代许多久负盛名的演说家在演讲时，偶尔也会把手揣进裤兜里。布莱恩、昌西 · 迪普、西奥多 · 罗斯福，甚至连最在乎形象的迪斯雷利有时也会这么做。所以，即使如此，天也没塌下来，是吧？第二天太阳还是会从东边升起的。如果演讲者言之有物，让人信服，那么手脚动一动又会有多大的影响？如果演讲者内心充实、思维活跃，这些细枝末节的事也不需要过于在乎。演讲最重要的还是你能否带给听众心灵盛宴，而不是手脚怎么放的问题。

以形体之名传授的古怪动作

说到这儿，我们不得不提一个大家经常谈论的问题——形体姿势。记得我在大学里上的第一堂公众演讲课就是有关演讲中的姿势和形体的，授课老师是我们的校长。可惜，这堂课不仅毫无用处，而且起到了误导作用。授课老师教我们两只胳膊要垂在身体两侧，掌心对着大腿，指尖微曲，拇指贴腿。此外，他还训练我们抬胳膊时要画出一条优美的弧线：要先用手腕做出一个经典的旋转，然后依次伸直微曲的手指，顺序应是食指、中指、无名指和小指。这套“唯美而富有观赏性的”动作完成后，胳膊还要再画一条优美且不太自然的弧线，最后放回原处。整套动作呆板而做作，没有一点儿真情实感。老师认为演讲时，这么做能显得与众不同，因为这套动作在他看来还没人用过。

我并没有将自己的个性融入这套动作里，我也没觉得自己的姿态有多优雅，多富有感情，我更没有在这个过程中做到随性而为。一切看来都那么做作，没错，整套“形体动作”机械得就像 台打字机，像废弃的鸟巢 样毫无生机，像木偶一样滑稽。

在现代社会，我实在难以想象竟然有人还在教授这种荒谬的“形体学”。是的，几年前还有一本这方面的书出版，整本书都在教人如何学做机器人，哪句话应做怎样的动作，什么时候该用一只手，什么时候该用一双手，手应该抬在什么位置，是高，是低，还是不高不低……我曾见过在课堂上，20 个学员正拿着书模仿里面提到的一些可笑、虚假、费时、机械且毫无益处的动作。这些华而不实的东西甚至误导了一些人对公众演讲课程的看法。马萨诸塞州一所大学的院长最近就表态，该学院不会开设公众演讲课程，因为他观摩的演讲培训课都是花架子，没有半点儿实用性，也没教人如何演讲。我对此深有同感。

这些关于姿势形体的书十之八九都毫无用处，可以说是浪费纸墨。同理，你在书上学到的动作也没什么实用性。真正的动作应该是发自内心的：它来自你的内心、你的大脑、你的兴趣、你的激情，以及你想让听众有“想你所想，见你所见”的渴望。演讲中，真正有价值的动作都是有感而发的，一丝真情的流露胜过无数个条条框框。

姿态和形体不是晚礼服，不能随意搭配；它们是内在情感的流露，就像亲吻、疼痛、欢笑和晕船一样。一个人的姿态形体应该和他的牙刷一样，是私人的。人与人之间差别很大，那么每个人的动作姿势也应该因人而异。把两个截然不同的人训练成可以做出完全相同的动作实在不可取。如果让反应迟缓、说话慢条斯理的林肯做出跟语速超快、举止优雅的道格拉斯一模一样的动作，那简直是件荒唐到极点的事！

据林肯事务所的同事兼其传记作者赫恩登所言：“林肯演讲时头部动作比手势要多。”他演讲的时候会频繁地摇头晃脑，当他想强调某一点时，有时会快速地点头，就好像水溅油锅，突然炸裂一样。他从来不会像其他演讲者那样，手臂在空中画来画去，他也从来不会刻意追求讲台效果。他在演讲过程中会表现得越来越轻松，毫不做作，让人觉得非常舒服。在台上，他表现得非常自然，同时彰显出非常强烈的个人色彩，让人肃然起敬。在动作和手势上，林肯鄙视刻意作秀、墨守成规以及故作姿态。当他用枯瘦、细长的右手手指意味深长地轻点几下时，就意味着他想强调这几点。当他讲到兴致所在之时，他会举起双手，掌心向上，好像是要拥抱他挚爱的真理一样。如果谈到他深恶痛绝的事情之时，如谴责黑暗的奴隶制，他会高举双臂，握紧双拳在空中挥舞，以表达心中无比的愤怒。这是林肯的招牌动作之一，表现出他无比坚定的信心，恨不得把他厌恶的东西都甩在地上，跺上几脚后再扔进历史的尘埃里。林肯习惯站得笔直，双脚并立，站立时也从不借助任何外力。演讲过程中，林肯的位置和姿势基本不变。演讲时，他从来不会声嘶力竭地大呼小叫，也不会在台上走来走去。有时候胳膊累了，他会用左手握住右臂，或是抓着外套的小翻领，拇指垂直朝上，留下右手去做动作。著名雕塑家奥古斯塔斯·圣·高登斯按这个姿态为林肯雕塑了一尊雕像，就安放在芝加哥的林肯公园内。

上面讲的是林肯的演讲动作。相比之下，西奥多·罗斯福则更加激情澎湃、慷慨激昂，演讲时，他的面部表情十分丰富，双拳紧握，似乎浑身都是感情表达的工具。布莱恩的招牌动作就是伸出双手、摊开掌心。英国政治家格莱斯顿则喜欢用一只拳头捶击另一只手掌或桌面，或是用力地跺脚，“砰砰”作响，清晰可闻。需要指出的是，首先是因为这些演说家的思想和观点有力，因此他们的姿态才有效且自然。

有感而发、贴近生活，这是演讲中动作姿态的最高标准。英国政治家伯克长得瘦骨嶙峋而且动作非常古怪；同为英国政治家的皮特则喜欢挥舞着胳膊“切割空气”，像个“笨手笨脚的小丑一样”；英国演员亨利·欧文爵士的一条腿有残疾，因此动作有些奇怪；英国历史学家麦考利勋爵在台上的动作很笨拙；英国保守党政治家寇松勋爵在剑桥大学演讲时曾言：“伟大的公共演说家都有自己的招牌动作，伟大的演讲者要是能再辅以优雅潇洒的动作姿态，无疑如虎添翼，但是如果演讲者的动作碰巧怪异而难看，也没多大关系，毕竟瑕不掩瑜。”

多年前，我曾有幸聆听罗德尼·史密斯的布道。他曾指引上千人皈依基督教，我当时完全被他的口才所折服。演讲中，史密斯用了很多手势，但完全是下意识的——就像呼吸一样自然，这才是理想境界。如果你坚持练习，并且遵守一定的原则，你也能达到这样的境界。我不会给你设定一些条条框框，因为演讲中的动作手势完全由演讲者本人的性格、个性、情绪、准备的情况、演讲的主题、听众及现场的情况决定。

一些可能有益的建议

我这儿有几条小建议，可能会对你有所帮助。不要一个动作从头做到尾，你的听众会审美疲劳的；肘部不要有任何突兀的动作，肩部的动作在台上看起来效果更好；一个动作不要结束得太突然；有人习惯通过食指的动作来帮助自己把内容说清楚，如果你这样做，请一定记住，整句话都要这样做，不要断断续续的，否则你就犯了一个很常见也很严重的错误，它会扰乱你演讲的要点，让重点变成次重点，而次重点则变得微不足道。

在正式的演讲场合，姿态动作要有感而发，不要刻意而为。但在平时的训练过程中，你需要强迫自己加入一些动作，只有这样你才能意识到它们的重要性，并给自己心理上足够的刺激，直到最后“得来全不费工夫”。

把书合上吧，只看书是学不到什么东西的。内心的感受和冲动，才是你演讲时最值得信赖的武器，它比纸上谈兵的内容要珍贵。

如果你记不住我们说过的关于姿态的内容，请你至少记住这一点：如果演讲者对所说的内容足够热爱，渴望把信息传递给听众，以至已经达到忘我的境界，言语行为都是由心而发，那么这样的演讲风格和动作手势是绝对挑不出太大的毛病的。如果你不相信，可以随便找个人把他打倒，你会发现，等他站起来后，他所说的话一定非常流利，不会磕磕巴巴的。

关于表达这一话题，这儿有 12 个字倾情相赠：

装满木桶；拔开瓶塞；任其流淌。

小　结

1. 卡耐基技术学院的一项测试表明：个性因素在商业成功中的作用要远远超过智力因素。这个结论在演讲中也同样适用。然而个性是看不见也摸不着的，神秘而且难以捉摸，因此想要改变它是难上加难的事，但是本章的一些建议将有助于演讲者达到自己最好的状态。

2. 不要在疲劳时演讲。你应该好好休息，养精蓄锐。

3. 演讲之前一定要“食”可而止。

4. 不要做浪费精力的事，精力充沛的演说者才能有魄力。人们围住激情的演说者，恰如秋天麦田四周的大雁一般。

5. 衣着要大方得体、夺人眼球。穿得好，无形中会提升你的自尊和自信。如果演讲者穿着松松垮垮的裤子、脏兮兮的鞋子，头发乱得像鸡窝，胸前的衣兜里别着几支钢笔，拿着一个皱巴巴的手提包——这副尊容对自己都不尊重，更别指望能够获得听众的尊重了。

6. 微笑。在听众面前要微笑着告诉他们，你很高兴来到这里。奥弗斯特里特教授说过：“惺惺相惜。如果你对自己的听众展现出极大的兴趣，那么他们同样也会对你另眼相看……事实上，在我们登台演讲之前，成败早有定论。所以，我们一定要确定自己的台风能够引起听众的热切回应。”

7. 让你的听众集中围坐在一起。当听众坐得很分散的时候，他们很难被打动。作为群体的一员远比作为个体更容易被支配。在讲座上，同样的笑料，如果周围人多，那么某个听众就会笑声不停、掌声不断；反之，周围没人时，他可能就没什么反应。

8. 如果听众很少，我们就应该选择一个小房间。演讲者不要高高在上地站在讲台上。你应该走到台下，和听众拉近距离，抛弃繁文缛节，要和听众亲密接触，让演讲变得像拉家常一样。

9. 保证室内通风。

10. 保持室内光线充足。要站在一个灯光可以直接照在你脸上的地方，这样你的每一点细微的表情变化都能够被听众捕捉到。

11. 身前不要有遮挡，把桌子椅子统统推到一边。同时要把台上那些碍眼的杂物全部清理掉。

12. 如果你演讲时台上有嘉宾，那他们是不可能一动不动的，只要他们一有动作，听众的注意力就会被分散。移动的物体对听众有着无法抗拒的吸引力。因此，为什么邀请嘉宾上台就座呢？

第八章
如何做好开场白

我曾经问过西北大学前校长林恩·哈罗德·哈夫博士：“作为一名资深演说家，您认为演讲中什么最重要？”他沉思片刻后回答：“一个精彩的开场白，能迅速吸引听众的注意。”哈夫博士一般会事先备好开场白和结束语。约翰·布莱特、格莱斯顿、韦伯斯特、林肯也都有这一习惯。事实上，只要稍微有点儿常识和经验的演讲者都会这么做。

初学者会这么做吗？实在罕见。精心设计需要花费时间，需要开动脑筋，需要毅力和决心。“朝思暮想”是一个非常痛苦的过程。托马斯·爱迪生在工厂的墙上刻上了英国画家乔舒亚·雷诺兹爵士的一句话：“为人不思考，想救也无药。”演讲新手通常轻信瞬间的灵感，结果发现“漫漫前路，陷阱密布”。

诺思克利夫勋爵最初只靠微薄的周薪度日，经过不懈奋斗，最后成为英国最富有、最具影响力的报业大亨。据他本人讲述，他曾读过法国哲学家帕斯卡的一句话，虽仅有 5 个字，却让他受益终身，那就是：“凡事预则立。”

你也应该将这几个字作为座右铭刻在桌上。你要事先想好开篇，明确当听众精力充沛，能够抓住你每一个字的时候，你应该说什么；同时也要想好结尾，思考应该怎样才能给听众留下难以磨灭的印象。

早在亚里士多德时期，人们就把演讲分成3个部分：开篇、正文和结尾。长久以来，演讲的开篇导语都是四平八稳，似闲庭信步，演讲者扮演着新闻播导和表演者的双重角色，当时的客观条件也确实允许演讲者这么做。100年前演讲者的作用就相当于现在的报纸、杂志、广播、电视和电影——既要给听众提供新闻信息，还要能娱乐大众。

然而，时过境迁，当今世界已经发生了翻天覆地的变化。在过去的100年里，各种发明创造极大地加快了人们的生活节奏，其革新速度超过了自巴比伦王国以来的所有时代。汽车、飞机、广播、电视让我们的生活速度越来越快，而演讲者也必须与时俱进。如果你还是想用开篇导语，相信我，越短越好。现在的听众都是急性子："有话要说？行，长话短说。别整虚的！说完赶紧坐下。"

就德国发出潜艇战最后通牒这一重大问题，伍德罗·威尔逊总统向国会发表了演讲，他的开场白只用了23个字：

> 我国外交出现些许状况，因职责所在，我向诸位坦诚相告。

在向宾夕法尼亚州的纽约协会发表演说时，著名企业家查尔斯·施瓦布说第二句话时便切入正题：

> 时下美国民众最担心的问题就是：目前的经济萧条意味着什么？未来前景又将如何？我本人以乐观的态度……

美国国家收银机公司的销售经理曾以如下方式给下属做过讲话。其开篇只有3句话，言简意赅，也颇具鼓动性：

各位伙计，你们的任务就是保证工厂的烟囱一直冒烟；过去两个月排放的烟尘还远没到影响市容的程度；三伏天已去，经济复苏指日可待！告诉你们：我们需要烟囱冒烟。

没有经验的演讲者，他们的开场白能做到这样简明扼要吗？大部分未接受过相关训练的演讲者可能会以两种方式开场——这两种方式其实都不好，下面我们将一一讨论。

慎以幽默故事开场

或许是因为被误导，一些演讲新手通常认为作为演讲者应该越幽默越好。而事实上，他们本是行为严谨、不苟言笑的人。当他们演讲时，他们还必须想象如何让自己变得跟马克·吐温一样幽默风趣。所以，这种人有意以幽默开场，尤其是在餐后演讲中。结果呢？初出茅庐的健谈者，不论在叙述方面还是在表达风格方面都与马克·吐温相去甚远。用《哈姆雷特》的经典台词来说就是“单调乏味、毫无新意、无精打采、百无一用”。

假如一个演员在花钱买票的观众面前是这种表现，那后果将会非常严重，台下一定会嘘声四起，叫骂连天。不过一般来说，能坐下来听演讲的人还是比较宽容的，所以他们只会在台下比较配合地干笑几声，而内心深处却对这位故作幽默的演讲者无比同情，同时，他们坐在台下也会觉得不太自在。作为听众，你难道没经历过这种情形吗？

做演讲很难，要让听众会心一笑更是难上加难。幽默是一种可遇而不可求的东西，它更多的是一个人与生俱来的。

记住，好不好笑不在于故事的内容，关键在于讲故事的方式。100 个人讲同一个笑话，其中 99 个人都会以失败告终，这就是马克・吐温能成为幽默大师的原因。下面是林肯在伊利诺伊第八区的酒馆里经常讲到的笑话，据说当时有很多人不惜驱车赶路来听他讲故事，而且一听就是一整晚，据一位亲历者说："许多听众被逗得前仰后合。"不妨把这些笑话大声读给你的家人听听，看看能否博之一笑。下面是林肯讲过的最受欢迎的一个笑话。你可以私下试试，但是，最好不要拿到公众演讲上去讲。

一名旅行者正在伊利诺伊州那泥泞的大草原上往家赶，结果偏偏赶上一场风暴。夜幕降临，大雨倾盆。乌云密布，一道又一道闪电将路边的树木劈得七零八落，接踵而至的雷声震耳欲聋。突然，一个炸雷响过，巨大而恐怖的声音，旅行者平生未曾遇见过，于是吓得"扑通"一声跪在地上。此人平时不太习惯做祷告，可这时竟然气喘吁吁地说道："噢！仁慈的主啊！如果您不在乎的话，就请您多给点光线，少出点杂音吧！"

你也许就是为数不多的天赋幽默者，那你非常走运。果真如此，请无论如何也要好好培养自己的幽默感。无论你在哪儿演讲，都会备受青睐。但假如你没有这方面的天赋，非要故作幽默，那就无异于自寻死路。

如果仔细研究昌西・迪普、林肯等人的演讲，你可能会惊讶地发现他们在演讲中，尤其是在开场白中很少讲故事。埃德温・詹姆斯・卡特尔曾私下透露，他从来不会为了幽默而幽默，譬如在演讲里硬塞个笑话。幽默必须与主题相关，你可以通过一则笑话去阐述某个观点。幽默就像是涂在蛋糕上的奶油或是夹层间的可可酱，是一种可以锦上添花的配料。斯特里克兰·吉利兰是美国最幽默的演讲者之一，他给自己定了一条规则，就是在演讲开篇3分钟内绝对不讲笑话。既然他都觉得这么做是明智的，你是不是也该重新考虑一下呢？

如此说来，演讲的开场白莫不是必须庄严、肃穆不可？也未必。如果可以，不妨就地取材，幽默一下，可以就现场的气氛，或者对别的某个演讲者的演说内容做个评论。找出一些不搭调的地方，然后夸张一下，这种幽默方式比事先准备几个老掉牙的笑话要好几十倍。

也许制造快乐最简单的方式是拿自己“开涮”。你可以讲讲自己一些尴尬可笑的经历，这实际上就是幽默。当看到一个人在大风里追逐自己的帽子，或是看到谁踩了香蕉皮摔了一跤，我们不都会哑然失笑吗？几乎所有人都可以通过把不搭调的事情凑在一起来制造笑料。比如，一个新闻撰稿人这样说：“我最讨厌小孩、废话连篇的人和民主党。”

在某次演讲的开场白中，英国小说家、诗人约瑟夫·鲁德亚德·吉卜林非常巧妙地制造出了笑点，请注意观察，他并没有胡编乱造一些奇闻逸事，而是在叙述自己的亲身经历，并且夸大了其中一些不搭调的地方。

女士们、先生们：

年轻时的我曾为印度某家报社报道刑事案件。这是个极其有趣的工作，因为我有机会接触到不少造假犯、贪污犯、杀人犯以及类似“进取”之人。（笑声）有时候，在报道过那些人的审判之后，我常去监狱探望这些朋友。（笑声）我记得，其中有一个人因为谋杀而被判处终身监禁。这家伙非常聪明，是个老油条，曾跟我聊起他一生的经历。他如是说道：“请相信我，人一旦步入歧途，随后就步步皆错，最后发现前面有人碍手碍脚，只好除掉那家伙才可望回到正道上来。”（笑声）是啊，这正是内阁的处境啊。（爆笑加上阵阵喝彩）

美国前总统威廉·霍华德·塔夫脱在大都会人寿保险公司高层年会上展现了他的幽默。注意他幽默的方式，其精彩之处在于既达到了幽默的效果，又让在场的听众非常受用。

主席先生，来自大都会人寿保险公司的先生们：

9个月前，我在老家听了一场餐后演讲，演讲者当时可能有些紧张。他说他咨询过一个有丰富演讲经验的朋友，这个朋友告诉他，对一个发表餐后演讲的人而言，最好的听众是那些聪明智慧、学识渊博但睡眼惺忪的人。（大笑加鼓掌）现在，我可以说今天到场的嘉宾是我见过最棒的听众。你们不仅具备上面提到的优秀听众的基本素养，还有一些没提到的要素你们也都占齐了，我想这一定是大都会人寿保险公司的精神。（掌声经久不息）

切勿以道歉开场

初学者还有个不好的习惯，就是喜欢以道歉开场：“我不是什么演说家……”“我没有做好准备……”“其实我没什么好说的……”千万、千万、

千万不要这样。吉卜林有一句诗：“既然无用，何以继续？”因此，演讲者说出的那番话，正好验证了那句诗。

无论如何，如果你真没准备好，明白人不用你道歉也自有判断，而对于其他还蒙在鼓里的人，你又何必刻意提醒呢？为何要用这样的开场白去侮辱你的听众呢？他们会觉得你压根儿没把自己的听众放在眼里，只不过是把残羹剩饭回锅炒一炒又端出来请客而已。所以，千万别这么做。听众不是来听你道歉的，他们希望你能带给他们一些新的信息，而且是他们感兴趣的东西，这一点请务必牢记。

从你站在听众面前那一刻起，你就很自然地同时也无可避免地引起了他们的注意。要想吸引5秒钟的注意轻而易举，难的是一直抓住听众的兴趣。一旦听众对你失去了兴趣，想要重新赢得关注就困难了。因此，你演讲的第一句话一定要生动有趣，记住，不是第二句，更不是第三句，是第一句！

你一定会问：“那我该怎么做？”我承认这一言难尽。要试图获得合适的素材作为开场白，哪怕踏遍千山万水，我们也未必能找到绝对管用的话，因为这在很大程度上取决于你自己、你的听众、演讲主题、储备材料以及演讲的场合等多方面因素。当然，我还是希望本章后半部分提及的粗浅建议能对你有所帮助。

激发听众的好奇心

下文是豪厄尔先生在某个演讲中做的开场白，你是否喜欢？有没有瞬间抓住你的兴趣？

几十年前，差不多就是现在这个时候，有本故事集在伦敦出版，从问世那一刻起，这本书就注定要成为流芳百世的经典之作。它被许多人赞誉为“世界上最伟大的小书”。该书上市后，人们在街头巷尾打招呼时都这么问：“那书你读过了吗？”回答无一例外都是：“我的天哪，当然读过了。”

发行当天，那本书就卖了 1 000 册，在接下来的两周时间里，销量达到了 15 000 册。从那时开始，这本书不断再版，并翻译成多种文字。多年前美国金融家摩根斥巨资买下了该书的手稿，现在这份手稿和其他价值连城的珠宝一起陈列在摩根先生位于纽约的艺术馆内。

那么，如此闻名于世的究竟是哪本书呢？那就是狄更斯的《圣诞颂歌》……

有没有觉得这个开场白非常成功呢？它是不是吸引了你的注意力，并且让你的兴趣随着内容的推进变得越来越大？为什么？因为它激发了你的兴趣，并让你产生了一种悬念感。

好奇心！谁不受好奇心的驱使呢？林中的鸟儿对人类充满好奇，阿尔卑斯山的猎手在捕捉岩羚羊时会在身上披条床单，然后缓慢接近目标，以引起羚羊的好奇心。此外，狗有好奇心，猫也有，包括人类在内的所有动物都有好奇心。

所以，你说第一句话时就要激发听众的好奇心，让他们注意到你。

在介绍托马斯·劳伦斯上校的阿拉伯探险奇遇时，以前我常会这样开场：

“劳合·乔治认为托马斯·劳伦斯是当代最浪漫、最别具一格的人物之一。”

这段开场白有两个好处。首先，名人名言通常都有非同一般的影响力；其次，这么说能激发听众的兴趣。他们自然会问：“为什么说他浪漫？”“为什么说他别具一格？”“我怎么从来没听说过这人？他是做什么的呢？”

洛维尔·托马斯是美国一名旅行家兼记者，他在介绍托马斯·劳伦斯时如是说道：

有一天，我走在耶路撒冷的大街上，一个衣着华丽的人映入眼帘，他浑身上下散发着贵族气息，腰间还挂着一柄只有穆罕默德的后裔才有资格佩带的金质弯刀。但这人长得一点儿也不像阿拉伯人，他的眼珠是蓝色的，而阿拉伯人的眼珠都是黑色或者褐色的。

这段话有没有激发你的好奇心呢？听完后你肯定想知道更多的内容：这人是谁呀？为什么他打扮成阿拉伯人的模样？他是干什么的？他都经历过哪些事情？

有名学员是这样开始自己的演讲的：

诸位都知道吗？即使在当下，世界上仍有17个国家存在奴隶制。

此言一出，不仅激发了听众的好奇心，还让他们惊讶不已。“奴隶制？当下？17个国家？简直不可思议！都有哪些国家？都在哪儿呢？”

演讲者通常可以用先果后因的方式来获取听众的好奇心。比如，有名学员是这样开场的：“最近，我们有一位立法委员提出了一项提案，要求禁止校舍周边3千米范围内的蝌蚪变成青蛙。”听到此处，你一定觉得好笑，这是演讲者在开玩笑吗？简直太荒诞了！难道他们真想这么干吗？……没错，就这样，演讲成功吸引了听众的注意力。

《星期六晚间邮报》上刊登了一篇题为《追踪匪徒》的文章，开篇是这样说的：“这帮匪徒都是有组织的吗？一般来说是的，那他们是如何组织的呢？……”看，寥寥数语便点出了文章的主题，只需抛出点内幕就引起了你的好奇心，你自然想了解匪徒是怎么组织到一起的。这方法非常不错。所有希望从事公众演讲的人都应该学学新闻撰稿人的写作手法，如何快速激发听众的好奇心。这比你拿着一大堆讲稿埋头钻研的效果要好得多。

拿故事做开场白

作为听众，我们都喜欢听故事，尤其喜欢听演讲者讲述自己的经历。拉塞尔·康韦尔博士题为《钻石宝地》的演讲做了不下 6 000 场，他也因此赚了个盆满钵满。那么我们来看看这个风靡一时的演讲是怎么开头的吧。

> 1870 年，我们沿着底格里斯河往下游行进。我们在巴格达雇了一名向导，让他带着我们游览波斯波利斯（古波斯帝国都城之一）、尼尼微（古亚述国都城）和巴比伦（古巴比伦国都城）……

他就是以叙述自身的经历做开场白的，这就是听众“上钩”的原因。这样的开场白非常简单，而且屡试不爽。听众会随着演讲者的叙述一步一步向前，他们想知道接下来会发生什么。事实上，本书第四章就是以故事作为开篇，不知各位注意到了没有。

下面是《星期六晚间邮报》同一期中两篇故事的起始句：

> 1. 一声剧烈的枪响打破了沉寂。

2. 7 月的某个星期，在丹佛山景酒店发生了一件琐碎但绝非无关紧要的事。这件事引起了客房部经理戈贝尔的极大关注，几天后，当酒店老板史蒂夫·法拉第例行巡查时，戈贝尔立即向他汇报了此事。

请注意，这两个起始句都带有动作。首先给出了某个事件，并让你产生了好奇心，让你想继续读下去，想知道更多的信息，想弄清楚到底会发生什么事儿。

以讲故事的手法激发听众的好奇心，即使是未经训练的新手也能讲出一个成功的开场白。

以具体事例作为开场白

想让一般听众对大段抽象的叙述长时间保持兴趣是一项艰巨的任务。相比之下，具体的事例就要浅显易懂得多。那为什么不以具体事例作为开场白呢？事实上，要让演讲者那样做可不容易。许多人认为在演讲开篇一定要做一点综述，其实大可不必。你可以先说事例，引起听众的兴趣，然后再说那些综述性质的话，如果你想看看这个技巧的实践案例，不妨翻回到第六章，然后再看看本章的开场白采用的是什么技巧。

充分运用展示品

这个世界上最容易吸引听众注意的方式，恐怕就是手里拿个东西让他们看。即使是野人、摇篮里的婴儿、笼子里的猴子、大街上的狗都会对此有所反应。那么，对于听众使用这种技巧当然也是非常奏效的。例如，埃里斯先生在费城演讲时是这样开场的：他用拇指和食指夹着一枚硬币，接着举过头顶。如此一来，大家自然会盯着他看，这时他开始提问："有人在街上捡到过这样的硬币吗？如果有，那么就说明这位幸运儿在房地产开发过程中会享受诸多便利，他只需要拿出这枚硬币秀一秀就可以了……"紧接着，埃里斯先生开始谴责这种不道德同时极具欺骗性的行径。

以提问作为开场白

埃里斯先生的开场白还有一个值得称赞的特点，就是以提问的方式开头，让听众参与思考。这一技巧在《星期六晚间邮报》关于犯罪组织的那篇文章里也有体现："这帮匪徒都是有组织的吗？一般来说是的，那他们是如何组织的呢？……"以提问开头确实是走近听众、打开他们思路的一种最简捷有效的方法。当别的方法都失灵的时候，不妨试试这个。

援引名人的提问作为开场白

名人名言向来是吸引注意力的一把利器，所以巧妙地援引名人名言是开始长篇大论之前的最佳导入语。下面是一段有关事业成功的演讲的开头，你喜不喜欢这样的开场白呢？

“这个世界向来只把金钱和荣誉奖给一种人，”著名出版家和作家阿尔伯特·哈伯德说过，“就是那些具有首创精神的人。”那么何谓首创精神？我来告诉你：就是在没有其他人指示的情况下，你也能做正确的事。

作为开场白，上面这段话有几个值得称道的地方：第一句话激起了听众的好奇心，我们希望了解更多详情。如果演讲者在“阿尔伯特·哈伯德”这几个字后巧妙地停顿一下，那么就会制造出悬念——“奖给谁呢？”我们会问，快点儿告诉我们，也许我们不一定同意，但是无论如何，先说出你的观点……丁是后半句话引领我们直奔主题。这一段话的第二句话是个问句，邀请听众一起来讨论、思考，请他们参与进来做一点点工作。你要知道听众非常乐意参与其中做点事。第三句话对于首创精神进行定义。接下来演讲者用一个大家都喜闻乐见的真人真事来具体说明这个精神。

让演讲主题与听众兴趣紧密相连

开场白的前几句话一定要和听众的兴趣直接相关，这可能是演讲伊始的最佳方法之一。这种方法确实能够引起听众的注意，对于内心有很大触动的事，人们总是很有兴趣的。

这是人之常情，是不是？但很多人就是不会运用它。我曾经听过一个演讲者做关于周期性体检必要性的演讲。你们知道他是怎么开头的吗？他介绍了那些研究长寿秘诀机构的发展史、它们的组织结构以及所提供的服务。真是可笑至极。这些公司是在哪里成立的、怎么成立的，对于这些内容听众丝毫不感兴趣，他们真正感兴趣、永远都关心的是自己怎样才能长寿的问题。

为什么没有意识到这一重要内容呢？为什么不告诉听众这些公司机构对于他们的健康是至关重要的？为什么不以如下方式作为自己的开场白呢？“你知道根据人寿保险公司的模拟运算公式，你还能活多长吗？根据保险统计师的测算，你未来的寿命是用 80 岁减去你现在的岁数再乘以 2/3。比如，你现在是 35 岁，用 80 减去 35 等于 45，再拿 45 乘以 2/3 等于 30，这就意味着你还能再活 30 年。你觉得满意吗？不，不，谁不想活得更长一点呢？这个公式是根据亿万数据记录的结果总结出来的，那么你和我有可能比这个公式推算的结果活得更久一点吗？当然可以，只要采取适当的保养措施，但是第一步是要进行全面的健康体检……”

说完这些，我们再详细地告诉听众周期性体检的必要性，这样才有可能让他们对那些公司的组织机构和提供的服务感兴趣。如果一上来就告诉他们这些，会让他们觉得跟自己没有多大关系，这会给你的演讲带来灾难性乃至致命的影响！

再举一个例子。我听过一名学员演讲，主题是“保护森林，势在必行”。他上来先说：“美国地大物博，自然资源丰富，作为一个美国人，我们应该感到自豪……”紧接着他开始描述我们正在以惊人的速度浪费着森林资源，却丝毫不觉得羞愧。他的第一句话说得太糟糕、太笼统、太含糊了，听起来并不让人觉得保护森林有多么重要。其实听众中有印刷商人，森林被毁对他的生意有直接的影响；听众里还有一位银行家，森林资源遭破坏同样会殃及他，因为这会影响全球的经济繁荣……那么，为什么不抓住这些要素，用下面的方式作为开场白呢？“张三先生、李四先生，今天我要谈的这个话题将和你们的生意息息相关。事实上，在某种程度上它会影响我们每个人的衣食住行，直接关系到我们所有人的幸福和安康。”

这么说是不是有点夸大保护森林的重要性呢？我不这么认为。阿尔伯特·哈伯德说过：“画画就得画大点，让人不想注意到都不行。”

语不惊人誓不休

“一篇优秀的杂志文章，”著名杂志创办人 S. S. 麦克卢尔先生曾说过，“肯定包含许多震撼人心的消息。”

这些消息能让我们幡然醒悟，能吸引我们的注意力。巴兰坦在巴尔的摩做题为《广播的种种奇迹》的演讲时，其开场白是这样的：

不知诸位是否意识到，一只苍蝇在玻璃上爬行的声音通过电波从纽约传到中非，会发出尼亚加拉大瀑布似的声响。

纽约市的某公司老板哈里·琼斯做关于犯罪状况的演讲时，是这么开场的：

时任美国最高法院首席大法官的威廉·霍华德·塔夫脱说过，刑法的执行部门简直是文明的一种耻辱。

这样的开场白出自一位法学权威之口，具有双重震撼人心的效果。

费城乐天派俱乐部前任主席保罗·吉本斯先生在做犯罪主题演讲时，用了以下这些引起人警觉的话语：

美国的犯罪形势非常严峻。这话听起来不可思议，却是真真切切的。克利夫兰、俄亥俄的谋杀案数量是伦敦的6倍。根据人口比例来看，这两个地方的抢劫案数量是伦敦的170倍。仅仅克利夫兰一地，每年遭到抢劫或抢劫未遂的受害者人数就比英伦三岛的总和还多。每年圣路易斯谋杀案的受害者数量超过了英格兰和威尔士受害者数量的总和。纽约市的谋杀案数量比德国、法国、意大利和不列颠群岛的都多。更可悲的是，这些罪犯并没有得到相应的惩罚。一个谋杀犯被处以死刑的概率不到1/100。在美国，一个人死于癌症的概率是因谋杀而判绞刑概率的10倍。

这段开场白是相当成功的，因为吉本斯先生的演讲富有激情、诚挚感人，而这段文字也因此被赋予了鲜活的生命。尽管我也听到过很多学员就这一话题发表过演讲，而且用的例子都差不多，但他们的开场白却非常平庸。为什么？

他们谋篇布局的能力并不差，但缺乏内在的激情。语言的张力因其平铺直叙的表达方式而大打折扣。

看似平淡无奇，实则耐人寻味

你是否喜欢如下这一开场白？为什么喜欢呢？看看著名社会活动家玛丽·E.里士满在纽约女性选民联盟的年会上发表的演讲，而几天之后立法机构就要通过反对童婚的法案。

昨天，当列车驶过一座距此不远的城市时，经人提醒，我想起了几年前发生在当地的一桩婚事。鉴于这个州还有不少类似草率且不幸的婚姻，我想先介绍一下这桩个案的一些细节，并以此开始我今天的话题。当年的12月12日，一名15岁的高中女生和附近一所大学一个大三的男生初次见面，当时这个男孩才刚刚达到法定结婚年龄，12月15日，仅过了3天，他们便来到当地的结婚登记处，谎称女孩已满18岁，这样一来，他们无须经过父母的同意便拿到了结婚证。离开登记处之后，他们找来当地的一位牧师为他们证婚（因为女孩是天主教徒），牧师拒绝了，这无疑是正确的。后来，女孩的母亲不知道从何处得知此事，也许是牧师告诉她的。但是，当这位母亲找到自己的女儿后，已经是两天之后的事了，在这短暂而平静的两天里，两人已经把生米煮成了熟饭。新郎带着自己的新娘在一家旅馆度过了两天两夜的时光，之后，他抛弃了这个女孩，再也没有跟她一起生活。

我个人非常喜欢这段开场白。第一句话讲得非常了不起，它告诉听众，将有一段非常特别的回忆。听众希望听到更多的细节，于是开始专心聆听这段真人真事。除此之外，这段话非常自然，一点儿也不像做研究的样子，不会让人觉得正式、刻板，丝毫没有青灯黄卷的枯燥感。“昨天，当列车驶过一座距此不远的城市时，经人提醒，我想起了几年前发生在当地的一桩婚事。”这句话听起来多么自然、随意，多么有人情味，就像一个人在对另一个人闲话家常。听众就喜欢这样的感觉。他们对明显有精心准备痕迹或“早有预谋”的演讲会心生抵触。我们需要的艺术是含蓄的艺术，是隐藏的艺术。

小　结

1. 演讲的开场白很难，也很重要，因为刚开始时听众的状态最好，相对容易打动，而越往后则变数越多，因此必须事先做好充分的准备。

2. 开场白要简短，一两句话为宜，有时甚至可以不要开场白。要用最少的语言让听众了解你的话题。对此，不会有人反对。

3. 新手要么喜欢以幽默故事开场，要么喜欢以道歉开场，这两种方式通常都不好。很少有人能成功地讲完一个幽默的故事，许多人的尝试结果不是让听众觉得开心，而是让他们觉得尴尬。即使讲故事，其中内容也得跟你的演讲主题密切相关，不能为了讲故事而讲故事。幽默就像蛋糕上的奶油，毕竟不能代替蛋糕。也不要一上来就道歉，这会让你的听众觉得受了侮辱，这是很招人讨厌的。想说什么就开门见山地说，说完后立刻坐下。

4. 演讲者可以通过以下方式快速引起听众的注意：

（1）激起听众的好奇心（如介绍狄更斯《圣诞颂歌》那段话）。

（2）讲一个真人真事（如拉塞尔·康韦尔博士《钻石宝地》的演讲）。

（3）以具体的事例开场（如本书第六章的开头）。

（4）物品展示（如埃里斯手中的那枚硬币）。

（5）提出问题（如“有人在街上捡到过这样的硬币？”）。

（6）以名人名言开场（如阿尔伯特·哈伯德关于首创精神的话）。

（7）让听众明白该话题与他们的切身利益息息相关（如你人生剩下的年份是用 80 岁减去你现在的岁数再乘以 2/3。想要延年益寿就要定期做体检）。

（8）一鸣惊人开场白（如“美国的犯罪形势非常严峻”）。

5. 不要把开场白搞得太正式，让它变得轻松、自由一些。要达到这种效果，你可以说刚发生不久的某件事，或是引用刚说过的某句话（如“昨天，当列车驶过一座距此不远的城市时，经人提醒，我想起了……”）。

第九章
如何讲好结束语

你想知道自己演讲的哪两部分最能反映出你有无经验吗？就是开场白和结束语部分。戏剧界有句——当然是针对演员的——行话，那就是："欲知演员好不好，一见进出场便知晓。"

在任何一次盛大的集会上，开场和结尾都是最难把控精准的。例如，在一次盛大的社交活动中，优雅的出场和谢幕难道不是最考验人的技巧的吗？在商业访谈中，引人入胜的开场和非常成功的结尾难道不是最难做到的吗？结束语的确是一场演讲中至关重要的"战略点"。演讲者最后讲的内容，也就是他最后说的几句话，应该能在听众耳边萦绕——这些极可能成为人们记忆最久的东西。然而，一名演讲新手一般很难体会这一部分的重要性，于是其结束语往往与听众的期望值相去甚远。

那么，他们最常见的错误都有哪些呢？我们这就来一起讨论几点，并找出补救措施。

首先，有人这样结束其演讲："有关这一问题，我差不多就讲这些，所以，我想我该就此打住了。"这不是个结束语，而是个错误。此话显得很不专业，甚至不可原谅。如果你真的说完了，为何不结束自己的演讲，回到座位，而要说“该就此打住”之类的话呢？

其次，有人已经讲完不得不说的话，却不知道如何结尾。我认为，幽默大师乔希·比林斯曾给过建议：要抓牛尾巴而不是牛角，因为这样撒手比较容易。而那名演讲者既抓住那头牛的双角，又想跟它分开，尽管演讲者费尽了力气，可仅仅是和那头焦躁不安的牛在原地兜圈子，一遍又一遍地重复已经说过的话，从而给听众留下极坏的印象。

补救措施呢？结束语需要花点时间预先设计一下，不是吗？当你面对听众且处于高度紧张的状态时，一定会专心致志于自己的讲话内容，怎样结尾是不是需要一定的智慧呢？按照常理，是不是该提前想到如何心平气和、气定神闲地结束演讲呢？即使像把英语掌握得非常娴熟的韦伯斯特、布莱特、格莱斯顿等演讲大师，他们也觉得有必要事先写下并熟记结束语的措辞。

如果初学者跟着大师们的脚印一步一步地向前迈进，到最后一定不会后悔。新手在演讲时一定要弄清楚自己应该如何结尾，事先最好演练几次，当然文字不必每次都一样，只要意思表达到位即可。

在演讲进行过程中，即兴讲话有时还得大幅度调整，需根据不可预知的现场进展进行删减，以便跟听众的反应相吻合，所以事先准备两三份备用的结束语不失为明智之举。眼见一个不行，那另一个可能奏效。

有些演讲者根本就没有讲到结尾之时，他们在演讲中途便开始磕磕巴巴起来，好像汽车快没油了一样，在拼命挽回几次无果时，便完全熄火、抛锚了。当然，就这些人而言，他们应该像给油箱多加些油那样，有所准备并勤加练习。

还有许多新手非常突然地结束演讲。这种结尾方式缺乏平缓性，不像是结束演讲的样子。确切地说，他们的演讲没有结尾，不过是在颠簸中戛然而止。这让听众感觉很不舒坦，同时也显得过于业余。这就好比一名社交场合的说话者突然停下来，连一句优雅的告别话语都没说便冲出房间一样。

就连林肯在起草其首次就职演讲的演讲稿时也犯过这类错误。当时正处于国内局势非常紧张的时期，整个美国上空已被纷争和仇恨的乌云笼罩着。几周之后，一场血雨腥风即将爆发。林肯本想以如下方式结束其对南方人民的演说：

> 持不同政见的同胞们，内战的重大决定权掌握在你们手中，而不在我的手中。政府不会伤害你们。你们自己如果进攻，那就难免出现冲突。你们并未向上帝起誓要推翻这一政府，但我庄严地宣誓要维持、保护并捍卫这一政府。你们可以忍心这一政府遭到攻击，但我不能退缩，必须坚决守护它。“是和平，还是战争？”这个神圣的问题应该由你们，而不是由我来回答。

林肯把讲稿交给国务卿西华德，后者非常得体地指出结尾部分过于直白突兀，容易引发争端，于是亲自执笔写了一段结束语。事实上，他写了两个版本。林肯采纳了其中一个，并将其略为修改后用作结束语。其结果是，那场演说不再显得带有挑衅性的唐突，而是在友好的氛围中达到高潮，同时也多了一份诗意：

> 我讨厌就此结束我的演讲。我们不是敌人，我们是朋友。我们也不能成为敌人。尽管我们之间可能出现过紧张情绪，但这不能隔断我们之间的友爱之情。那一根根神秘的记忆琴弦，将每个战场、每位同胞的墓地跟这片广袤土地上每颗鲜活的心脏连接着，若再次拨动，必将为本联邦的合唱曲增添和谐。那一根根琴弦一定会由我们灵魂深处的守护神拨动的。

初学者该如何为结束语培养出一种恰当的感觉呢？通过一些机械性的条条

框框吗?

当然不是。结束语就像“文化”一词那样非常微妙。它需要感觉，差不多跟直觉有关。除了演讲者自己去巧妙而恰当地感觉何时该结束，还能指望别的什么呢?

不过这种感觉是可以培养的。这种经验也可以通过研究大师们的演讲而获得。举个例子，下面是威尔士亲王在多伦多帝国俱乐部演讲时的结束语：

> 先生们，我想我可能有点偏题，讲了太多关于自己的事情。我想告诉诸位的是，能在众多听众面前做此演讲，谈谈本人对自己身份的感受以及肩负的责任，我倍感荣幸。我唯一确信的是，尽我所能去履行自己的责任，不辜负诸位的信任。

听到这里，所有人都能感觉出演讲已经结束。这个演讲不像悬在空中的绳子，它结束得非常干脆、非常完整。

已故的牛津大学校长厄尔·曾勋爵曾这样评价林肯的第二次就职演说：“它就是人类历史中的一颗璀璨亮丽的明珠，若非神灵般的雄辩，也是人类最纯金的雄辩。”

> 我们衷心地希望——我们热切地祈祷——这场巨大的战争浩劫尽快离我们而去。然而，倘若天意难违——正如三千年前预言中所说的那样——战争还将持续到奴隶们二百五十年来辛勤创造的财富消耗殆尽之时，还将持续到备受鞭笞之人拔剑以牙还牙之时，那么我们仍然得说出那句话：“上苍的审判不仅是正确的，而且是正义的。”
>
> 与人无怨，博爱天下。由于上苍让我们看到了正义，那就让我们站在

正义的立场上，让我们全力以赴去完成未竟的事业，让我们为国人包扎好伤口，让我们关注承受过战争之苦的人们，以及他们的遗孀和遗孤。总之，为实现并珍惜人民之间、各民族之间的正义且持久的和平，我们都应全力以赴。

你们已经读过了我认为最美的结束语，那你们是否赞同我的看法呢？纵观整个演讲史，你们还找得出比这更仁慈、更博爱、更悲天悯人的文字吗？

“《葛底斯堡演说》达到了崇高的水准，”《林肯生平》的作者威廉·E.巴顿这样说道，“这一次更上了一个台阶……这是亚伯拉罕·林肯最伟大的演说，也象征着他才智和精神力量的巅峰。”

“他的演说就像一首圣洁的诗，”卡尔·舒尔茨写道，“从来没有哪位统治者像他那样跟自己的臣民说话。在此之前，没有哪位美国总统曾经说过如此多的肺腑之言。”

不过，你不会像华盛顿的美国总统，也不会像渥太华的加拿大总理或堪培拉的澳大利亚总理那样去发表不朽的声明，因此，你面对的问题也许就是在一群社工面前如何结束一个简单的演讲。那你该如何着手呢？就让我们来探究一下，看看我们能否找到些许有用的建议。

对自己演讲的要点进行总结

即使是在一场仅有3~5分钟的简短演说中，演讲者也可能会把内容铺得太开，以致在结尾时，听众可能对其中的要点感到如堕云雾。然而，意识

到这一点的演讲者少之又少，他们还误以为自己在头脑里将各个要点罗列得清晰可见，因而听众也一清二楚。事实根本不是那么一回事儿。演讲者要知道自己对这些观点已思考过多时，而对听众来说，他所讲的内容无疑是全新的。这些观点，就像同时抛向听众的一把铅沙弹，有些能命中，但是大部分会无序地偏离目标。那些听众虽然能记住不少信息，但没有一样是听清楚了的。

据说有这么一位不愿透露姓名的爱尔兰政治家，他曾开过如下这份有关演讲的妙方："首先，介绍一下你打算告诉对方的内容；其次，告诉他们；最后，再归纳一下你曾告诉过他们的内容。"你们知道的，这位政治家说得很有道理。事实上，"归纳一下你曾告诉过他们的内容"这点非常值得推荐。当然，归纳需要简短，一个概要或是总结即可。

下面是一个很好的例证。演讲者是芝加哥某铁路公司的车务总管：

> 简言之，先生们，我们在这套设备的使用上已经取得了不少经验，在东线、西线、北线，这套设备运转良好，质量可靠，我们在预防事故发生方面节约了大笔开支，有鉴于此，我强烈推荐我们的南线也立即安装这套装置。

诸位已看到这名演讲者是怎么做的了吧，不用去了解他前面讲了什么，也大概能猜得到，因为他用寥寥数语就把演讲中的全部要点进行了总结和归纳。诸位不觉得这样的总结很有用吗？如果有用，那就把这一技巧当作自己的去用吧。

呼吁行动

上文引述的结束语是经典的呼吁行动式结尾。演讲者希望看到某种结果，那就是在其管辖的南线也能安装某一整套设备，他呼吁安装的理由就是在预防事故的同时还能节省开支。演讲者希望有所行动，且如愿以偿。这不仅是一次演讲，而且是对某铁路货运公司董事会的陈词，当然演讲者最终达成了在南线铁路也安装这套设备的愿望。

简洁而真诚的赞美

宾夕法尼亚州应该成为加速新纪元到来的表率。宾夕法尼亚州——大型的钢铁制造基地、世界最庞大的铁路公司诞生之地，且其农业位居全国第三——是我国经济命脉的基石。呈现在宾夕法尼亚州面前的前景及引领全国的机遇前所未有。

说完这番话，著名企业家查尔斯·施瓦布结束了其对宾夕法尼亚社交人士发表的演说。这段话让听众感觉非常受用，对未来也充满信心。这是一种值得推崇的结束方式，不过要想收到预期效果，就必须保证你说的是肺腑之言，而不是夸张、奉承且狂妄的话。这样的结尾方式，如果听起来给人以虚情假意之感，那多半都是假的，就像一枚假币一样，人们是不会买账的。

幽默的结尾

“当你谢幕时，”乔治·科汉说道，“一定要让听众欢笑不止。”如果你有这能力，又正好有笑料，那真是再好不过了！可是怎样才能做到呢？正如哈姆雷特所说，这是个问题。每个人都应该有自己的方式。

劳合·乔治曾面对卫理公会教徒发表过演讲，题目有关卫理公会创始人约翰·卫斯理的陵寝修缮工作。这是个极其严肃的话题，因此很难想象他竟然在这样的场合下能让其听众笑出声来。也请诸位留意劳合·乔治是如何流畅而精彩地结束这次演讲的：

> 我很高兴诸位都曾参与过约翰·卫斯理陵寝的修缮工作，这无疑是件非常荣耀的事。约翰·卫斯理是个有洁癖的人。他曾说过这样的话：“别让任何人看见一个衣冠不整的卫理公会教徒。”也正因为他曾说过这句话，所以那样的人诸位确实一个也不曾见到过。（笑声）如果让他的陵寝杂乱破败，那就显得双倍的不近人情了。诸位还记得，德比郡有个小姑娘看到卫斯理经过时，跑到他跟前大声说道：“上帝保佑您，卫斯理先生。”“小姑娘，”他回答道，“要是你的那小脸蛋和围裙能再干净一点，你的祝福就会更珍贵了。”（笑声）
>
> 这就是卫斯理对不修边幅的态度。所以，咱们不能让他的墓园破败，

否则他经过时看到这景象会更伤心的。我们要尽心管理，这是一方值得缅怀的净土，这是诸位的信仰。（欢呼）

引用诗歌来结束演讲

所有的结尾方式中，没有什么比幽默和诗歌这两种方式更能令人接受的了。如果你能找到恰当的诗句或整首诗作为文章结尾，那自然是再理想不过的，这样的结束语既高贵典雅又不乏个性，同时还有美感。在第三届爱丁堡某大会上，哈里·劳德爵士对来自美国某个团体的代表发表的演说是这样结尾的：

当你们回家后，有人会给我寄明信片，当然，就算你没寄给我我也会给你寄的。你很容易就知道这是我寄的，因为上面没贴邮票。（笑声）但我会在卡片上写上几行字：

“周而复始生四季，
万物皆有消退时；
唯有一样存永恒，
我有爱意留君等。”

这几行小诗非常符合哈里·劳德爵士的风格，当然也与整场演讲的主旨相得益彰。所以，他的演讲非常成功。要换上一个比较正经严肃的演讲者，同样的结尾可能听起来就会给人很不搭调，甚至滑稽的感觉。我从事演讲教学的时间越久，就越发看得清楚、越发能感觉到，想要找出一个任何场合皆可通用的准则几乎不可能。演讲包含了太多因素：话题、时间、地点、演讲者等。所以，诚如圣徒保罗所言，每个人都必须“努力实现自我拯救”。

阿尔伯特先生是布鲁克林一家发动机制造公司的副总裁，他在对员工发表题为《忠诚与合作》的演讲时，结尾处引用了吉卜林《丛林之书（二）》中的一段诗歌：

丛林法则古老真实如上苍，
狼群顺则昌盛逆则将死亡；
丛林法则如藤条紧抱树干，
结对有力量散伙必然失败。

如果你愿意去你所在城镇的公共图书馆，并告诉管理员你在准备某个演讲的话题，且希望引用一些诗歌去表达某个观点，那对方可能会帮助你在诸如《巴特利特经典语录》之类的参考书中找到合适的诗句。

《圣经》引文的力量[①]

如果你能从《圣经》中找到某段内容来支撑你的演讲，那你还真是个走大运的人。恰当援引《圣经》会给你的演讲带来很大的影响。著名金融家弗兰

① 影响力限于作者所处社会，不宜简单套用。——编者注

克·范德里普在美国发表关于联合债务的演讲时，就是这样结尾的：

> 如果我们严格按照条约索回债务，那我们十有八九是达不到目的的。如果我们仍然自私地坚持这么做，那么最后得到的不会是现金，而是仇恨。如果我们能够表现得明智且慷慨一点，这些债务就会彻底付清，而我们对别人的好，也会带给我们更多物质上的回报，这比我们失去的要多得多。正如《圣经》中所言："只顾自己逃命的人最终都会失去生命，而愿意为基督和真理献身的人，终将获得永生。"

高潮部分

推向高潮是结束演讲的一种常见方法。这一方法常常不太好掌握，是否适用也因人不同、因主题而异。不过要是做得好，其效果自然是绝佳的。它是通过语言的层层递进，把演讲推至顶峰。我们在第三章提到的那篇关于费城的获奖演说稿就是个经典的例证。

在准备有关尼亚加拉大瀑布的演讲时，林肯就曾采用过这种方法。请注意他是如何做到句与句之间逐层推进的，在对比 19 世纪与哥伦布、基督、摩西、亚当等人所处的时代时，他是如何达到预期效果的：

> 一些过往云烟悄然掠过我的脑海。当哥伦布首次发现美洲大陆的时候，当基督被钉上十字架的时候，当摩西率领以色列人穿越红海的时候，甚至当亚当从造物者手中诞生的时候，尼亚加拉大瀑布就一直在此咆哮

> 着、怒吼着。曾经的巨人族早已远去，这片土地上处处成为葬其尸骨之所，他们也曾像我们一样，双眼凝视着尼亚加拉大瀑布。在人类诞生的那个年代里，尼亚加拉大瀑布就已经存在。时至今日，它仍然像当初一样荡漾着生命的气息。那些早已灭绝的猛犸象、乳齿象也曾目睹大瀑布的真容，而现在只留下其庞大的枯骨来证明自己曾在这个世界上生存过。沧海桑田、时过境迁，尼亚加拉大瀑布从未静止过一分钟，从未枯竭，从未封冻。它就一直这样奔流不息。

著名思想家温德尔·菲利普斯在其一场关于海地革命领袖杜桑·卢维杜尔的演讲中也采用了相同的技巧。我将这篇演讲词的结尾部分列了出来。这段文字经常出现在公众演讲教程中。从今天的审美来看，其辞藻略显华而不实，但它充满活力、激情无限且趣味盎然。这篇演讲词毕竟是半个多世纪前的产物。当年温德尔·菲利普斯谈到约翰·布朗和杜桑·卢维杜尔的历史地位时，曾如此预测过："50 年后必将真相大白。"这实在太有趣了，不是吗？显而易见的是，揣度历史的难度丝毫不亚于预测明年股市和猪油的行情吧。

> 在我眼里杜桑·卢维杜尔可与拿破仑比肩，可惜拿破仑称帝靠的是食言而肥和血流成河。而杜桑·卢维杜尔却从不食言。"冤冤相报何时了"是他的人生格言，也是他毕生的行为准则。在弥留之际，他对儿子说的最后一句话是："我的孩子，终有一天你会回到圣多明各，法国谋杀了你的父亲，但你无须为此记恨。"在我眼里，杜桑·卢维杜尔可与克伦威尔并驾齐驱，然而克伦威尔不过是一介武夫，而他建立的国家也随他一并入土。我想称杜桑·卢维杜尔为华盛顿，可是那位伟大的弗吉尼亚人却是个蓄奴者。而杜桑·卢维杜尔宁可让自己的政权受到威胁也决不允许在他的土地

上，哪怕是在最贫穷的村庄里，出现奴隶交易。如果你觉得本人是在痴人说梦，那是因为你在带着偏见阅读历史。但是50年后，真相必将大白于天下。历史女神会把福基翁写入古希腊史，布鲁图会被载入古罗马史，汉普登将在英国名垂青史；在历史女神的笔下，华盛顿是人类早期文明中的一朵鲜花，约翰·布朗是花落后结出的甘果，她随后会描下浓墨重彩的一笔，写下一个人的名字，并将其置于众人之上，这人就是伟大的战士、政治家、英雄——杜桑·卢维杜尔。

当脚尖触地时

不断搜索、寻找、试验，直到你最终找到合适的开头以及恰当的结尾，然后将其组成文字。

如果演讲者不能精简演讲的内容以适应这个匆忙且快速的时代，那他无疑会被这个时代抛弃。

在这方面，就连塔尔苏斯的圣徒索尔也曾犯下错误。就在他布道期间，听众中有一个叫尤图霍斯的小伙子睡着了，一不小心从窗户翻了出去，差点摔断了脖子。即便如此，索尔也没有停止高谈阔论的意思。我记得有一个身为医生的演讲人，他在布鲁克林的一家大学俱乐部站了一个晚上。那是一场冗长的晚宴。很多人都做了演讲，轮到他时已是凌晨2点。要是他略显圆滑、审时度势、稍有自知之明一点，就会少说几句，早点让我们踏上回家之程。可他是怎么做的呢？他根本没那么做。他在台上慷慨陈词讲了45分钟，简直跟在做活体解剖一样。还没等他讲到一半，听众就早已耐不住性子，祈祷他能像尤图霍斯那样失足从窗户跌落，不管摔伤哪个部位都不要紧，只要能让他闭嘴就好。

《星期六晚间邮报》的编辑洛里默先生曾告诉过我，他经常在某个系列的文章最受欢迎的时候就结刊，尽管读者都强烈要求继续刊登，但他依然如此。为什么要这么做呢？而且偏偏要在这时候做？他一语道出其中缘由："月盈则亏，水满则溢。一个栏目的人气到达峰值时也就意味着它即将下行。"这一智慧之语也适用于演讲，让听众觉得意犹未尽。

耶稣最伟大的演讲《登山宝训》5 分钟即可重述一遍；林肯的《葛底斯堡演说》，只有 10 句话。所以，演讲需要的就是简练，再简练！

尼亚萨湖的领班神父约翰逊博士写过一本关于非洲土著的书。他曾经和这些土著共同生活长达 49 年。他在书中提到，在部落集结时，如果某个演讲者说话时间太长，下面的人就会大声呼喊："够了！够了！"而在另一个部落，发言时必须单脚站立，如果抬起的一只脚脚尖触地就必须结束讲话。

尽管普通的听众会比这些土著更懂礼数、更能自我克制，但他们同样不喜欢长篇大论。所以，诸位一定要引以为戒，多向演讲大师们学习，以免重蹈覆辙。

小 结

1. 演讲的结束语的确是其最为重要的战略点。演讲结束时说的最后几句话极可能是听众记得最牢的。

2. 不要以"有关这一问题，我差不多就讲这些，所以，我想我该就此打住了"来结尾。你可以就此打住，但不必言明。

3. 像韦伯斯特、布莱特、格莱斯顿等那样事先准备好结束语，然后演练几次，对于何时结束演讲要做到心中有数。结束语要干脆利落，不要拖拖拉拉。

4. 7 种有效的结尾方式：

（1）综述要点。

（2）呼吁行动。

（3）真挚地赞美听众。

（4）运用幽默。

（5）援引经典。

（6）高潮收尾。

（7）找到合适的开头和恰当的结尾，并将其组合成文字。要让听众觉得意犹未尽。记住，月盈则亏，水满则溢。

第十章
如何清楚表达

在第一次世界大战期间，一位著名的英国大主教曾在厄普顿军营向一群大字不识的士兵发表演讲。这些士兵即将奔赴前线，但我知道他们中不少人对自己为何被送上战场一无所知。然而，这位大主教却跟那些军人高谈阔论“国际友好关系”“S 国主权独立”等。唉，那些军人中有一半连 S 国到底是个城镇还是一种疾病都不知道。据结果来看，演讲者当时还不如讲一些诸如“星云假说”之类的东西呢。然而，在演讲的过程中，没有一个士兵中途离场，因为每个出口都有持枪军警把守。

我无意贬低这位大主教。要是把听众换成一帮大学生，他的演讲兴许还能成功，可他面对的是一帮大字不识的新兵蛋子，所以他失败得一塌糊涂。他一点儿都不了解自己的听众，很显然对自己演讲的目的以及如何完成演讲也都不太清楚。那么，我们在这里提到的演讲目的指的是什么？其实不管演讲者清楚与否，每个演讲者都拥有以下四大目的之一。

1. 诠释内容。

2. 打动并说服听众。

3. 呼吁行动。

4. 娱乐听众。

让我们用一些具体事例来加以说明。

林肯一直对机械学有一定的兴趣，他还就其设计的某种装置申请过一项专利，用来把搁浅的船只调离沙洲或是其他障碍物。他曾在自己律师事务所附近的修理厂干过，并捣鼓出了一个装置的模型，尽管该装置最终未能取得成功，但他仍然对此装置的种种可能性兴趣不减。当有朋友来其事务所参观那个模型时，他就不遗余力地解释这项装置的工作原理，而这个解说过程就是为了第一种目的：诠释内容。

在葛底斯堡发表其不朽的演讲时，在发表两次就职演说时，在亨利·克莱追悼会上演讲时，在所有的这些场合，林肯的主要目的都是打动并说服听众。想要令听众信服，他自然必须把内容诠释到位。不过，在这些场合，诠释并非其主要目的。当林肯对着陪审团演说时，他为的是赢得有利判决；当他发表政治演说时，他为的是获得选票。在这些场合，林肯演讲的目的是呼吁行动。

在当选总统的两年前，林肯做过一个关于发明的演讲，而这一演讲的目的是娱乐大众，至少那应该是他的目的，不过他显然没有达到目的。事实上，作为一名通俗类的演讲者，林肯明显是个失败者。在某个小镇上，他竟然连一个听众都没有。

然而，林肯却在我提到的其他方面的演讲中大获成功。这是为什么呢？因为在那些演讲中，他很清楚自己演讲的目的何在，而且清楚应该如何达成目标。也就是说他知道要去哪儿，也知道该怎么走。而正因为很多演讲者不明白这一点，所以他们经常在演讲中搞砸，最后以失败告终。

不妨拿例子说话吧：我曾经见过一位美国议员在古老的纽约剧院赛马场演讲时，台下听众嘘声四起，最后只得黯然离场。因为他无意识地，当然也是不明智地选择了一个演讲的目的——诠释。当时正值第一次世界大战时期，他想告诉听众美国的备战情况。但听众对这个话题并不感冒，他们想听点感兴趣的。出于礼节，听众耐着性子坚持了 10 分钟、15 分钟，大家都盼望他能早点结束。但事与愿违，这位国会议员仍然不紧不慢地絮絮叨叨。听众这下再也忍不住了，有人率先开始喝倒彩，结果一呼百应，情况立刻演变成上千人一起朝那名演讲者吹口哨、大呼小叫。演讲者虽然意识到听众对自己的不满情绪，却还不知趣地选择继续下去。听众被彻底激怒了，一场演讲者与听众间的战争就此打响，听众的抗议声一浪高过一浪，最后演讲者的声音彻底淹没在听众愤怒的吼声当中——6 米之外根本就听不见他在说什么了。最终，他只得放弃、认输，并灰溜溜地下台了事。

所以，请诸位引以为戒，弄清自己的演讲目标。最好在准备演讲之前就做出明智的选择，同时还要知道如何达到目的。接着动手准备，要做得精巧且科学。

运用比喻帮助诠释

就诠释而言，千万不要低估其重要性和操作难度。我曾听过一位爱尔兰诗人讲了一晚上自己的“大作”，台下真正能听懂他所讲内容的人估计不到百分之十。很多演讲者，不管是在公众演讲，还是私人讲话中，都存在这种情况。

奥利弗·约瑟夫·洛奇爵士从事演讲 40 年，当我跟他探讨什么是公众演讲的本质特征时，他反复强调两个重点：其一，知识储备和充分准备；其二，不遗余力地把内容表达清楚。在普法战争时，普鲁士元帅赫尔穆特·卡尔·贝恩哈特·冯·毛奇，也就是我们都知道的“老毛奇”，曾对其下属军官说道：“请记住，先生们，任何可能被误解的命令一定会被误解。”拿破仑也同样意识到表达不清的危害，他对各个秘书强调最重且最多的指示是：“讲清楚！讲清楚！”

当耶稣的门徒问他为什么要用比喻的方式传道时，他这样回答道：“因为他们似乎看到却没有真正看到，他们似乎听到却没有真正听到。其结果是他们不理解。”

当你就某个陌生的话题对自己的听众发表演讲时，你能指望他们理解起来比感悟上帝的旨意更容易吗？几乎不可能。那我们该怎么做呢？遇到类似情形的耶稣又是怎么做的呢？他以人们可以想象到的最简单、最自然的一种办法予以解决：他把人们不知道的事物用已知的事物描绘出来。那么天堂是什么样的呢？那些大字不识的巴勒斯坦农民怎样才能理解呢？耶稣于是就用人们熟知的事物和行为来描述：

> 天堂就像家庭主妇手中的酵母，它藏在一日三餐的面团里，直到全部发酵；天堂又好像是一艘商船正苦苦寻觅完美的珍珠；天堂就如同一张渔网被抛撒在大海之中……

这种描述是通俗易懂的，受众完全能够理解。因为听众里的家庭主妇每周都会用到酵母，渔民每天都要在海里撒网，商人们则一直在做珍珠生意。

大卫又是如何把自己眼中那警觉而慈爱的耶和华描述清楚的呢？

如果我是一只羊，那么我的主，耶和华就是牧羊人。他让我躺卧在青草地上，领我至静谧的湖边……

在那贫瘠的土地上，牧民们当然理解水草丰美、牧马放羊的场面。

下面这一既让人印象深刻又不失诙谐幽默的例证，使用的便是“以已知说明未知”的方法：一些传教士打算把《圣经》翻译成赤道非洲某个部落的土语。《圣经》中有这么一句话：“即使你罪孽深重，猩红如血，在上帝的指引下，它也会变得洁白如雪。”这些传教士该怎么翻译？直译？没有任何意义，而且还有点荒唐。这些非洲土著即使在最冷的二月天也没见过雪是什么样的，他们的语言里就没有“雪”这个词，所以他们分不清“雪”和“煤焦油”有何区别。不过他们经常爬上椰子树，摇下几个当午饭。所以，传教士们就别出心裁地用已知指代未知，于是译文就变成：“即使你罪孽深重，猩红如血，在上帝的指引下，它也会变得跟椰子肉一样雪白。”在这种情况下，不就只能这样改译了吗？

在密苏里州瓦伦斯堡的州立师范学院，我曾听过一位演讲者关于阿拉斯加的演讲，这场演讲有诸多败笔，内容表述不清，又缺乏趣味性。与先前提到的传教士不同，这位演讲者忽略了“用已知说明未知”的方法。在谈到阿拉斯加的总人口和总面积时，他直接告诉我们，阿拉斯加总面积和人数。

面积的数字对一般人来说意味着什么？非常模糊。我们常用图形去思考一个地方到底有多大，而不是数字。所以在场听众的脑中无法构成画面。

演讲者还提到阿拉斯加的总人口数。估计没有哪个听众能把这个数字记住5分钟，甚至1分钟可能就忘了。为什么呢？因为快速地说出数字并不能给听众留下深刻的印象，它就好比在沙滩上写字，给人留下的只是松散且不牢固的印象。下一个注意力的浪头一来就会让前面的记忆立马模糊起来。用听众已知或熟知的信息去表述新信息难道不是更好吗？

不妨比较下面甲、乙两种表达方式，看看哪种表达更清楚。

甲：圣彼得大教堂是世界上最大的教堂，长约 ××× 米，宽约 ××× 米。

乙：圣彼得大教堂差不多相当于两个华盛顿国会大厦垒在一起。

在向普通大众介绍原子的大小和性质时，奥利弗·约瑟夫·洛奇爵士也非常恰当地采用了这一办法。面对一群来自欧洲的听众，他说一滴水中包含的原子数量和地中海所包含的水滴数量相当。而在座的许多听众都曾从直布罗陀海峡出发，坐了一个星期的船才抵达苏伊士运河，他们当然对地中海不陌生。为了把这一问题讲得更加透彻，洛奇爵士又换了种说法，他说："这个世界上有多少根草，一滴水中就有多少粒原子。"

著名的战地记者理查德·哈丁·戴维斯告诉一群纽约的听众，说某个土耳其的教堂和"纽约第五大道剧院的礼堂差不多大"。他还说："当你从后门进去，你会觉得它跟纽约的长岛很像。"

从此以后，在自己的演讲中就使用这个方法吧。要是你在介绍大金字塔，你可以首先告诉你的听众，它的高度约是 137 米，然后依据他们每天看到的建筑物高度来说明金字塔的高度；告诉他们大金字塔的底座面积相当于多少个街区的大小。提到石油，不要只说有几千加仑或是几百桶，还要告诉听众，这些石油可以装满多少个房间。假如要提到 6 米的高度，不妨说"相当于这地板到屋顶高度的 1.5 倍"。假如要以英里或者千米来谈距离，就不如说"联合车站或者某街到这里的距离"更加令人感到亲近。

避免使用术语

如果你从事某项专业技术工作，譬如律师、医生、工程师或是商业中某个专门领域的工作，那么在对外行演讲时，你就需要格外注意使用浅显易懂的语言，必要时还应补充一些细节。

我之所以说要“格外注意”，那是因为我见到成百上千的演讲者在这点上栽跟头，而且栽得还不轻呢。那些演讲者似乎都没意识到，一般的听众对其特殊专业并不了解。那结果怎样呢？那些演讲者自顾自地不停地讲，表达着自己的想法，还使用一些只有自己才能理解的词汇；而对不谙此道的听众来说，这就好比擀面杖吹火——一窍不通。

那么这类演讲者该怎么做呢？他们应该听从印第安纳州前国会议员贝弗里奇的建议：

> 在听众里挑一个看上去最木讷的人，然后努力让此人对你的演讲内容产生兴趣，这是个非常好的练习。想要做到这点，就必须做到事实表述清晰、推理严密。还有个更好的法子，让那些跟着父母一起来的小孩对你的演讲感兴趣。
>
> 告诫自己，面对听众时一定要声如洪钟。如果你愿意，不妨设法让你的演讲通俗易懂到小孩都能明白，并且让听众在你讲完后还能记住你说过些什么。

我记得曾指导过一个医生的演讲，他在论述中提到这么一句：“膈膜呼吸能有效地辅助肠蠕动，因此对于健康大有裨益。”说完就准备继续下面的内容了。我随即打断了他，然后问现场其他学员：“膈膜呼吸与其他呼吸方式的区别是什么，它好在哪儿，肠蠕动是什么，知道这几个问题的请举手。”结果令这名医生大吃一惊，于是他又倒回去重新解释，便扩展出了如下内容：

膈膜是哺乳动物体内分隔胸腔和腹腔的一层薄薄的肌肉，位于胸腔底部、肺叶下方、腹腔顶部。当胸腔吸气时，膈膜会收缩下移，这时候它呈一个拱形，像个倒扣的脸盆。而腹腔收缩时，膈膜就会随之伸展，直至完全拉平，这时候你能感觉到腹肌抵住了你的腰部。膈膜带来的这种下压力就会按摩刺激腹腔上方的内脏器官——胃、肝脏、胰腺、脾脏以及腹腔神经丛。当你吐气时，你的胃和肠道又会被膈膜再次顶起，这样又相当于一次按摩。这样的按摩有助于排泄。很多健康问题的根源都在肠道上。如果肠胃通过深度膈膜呼吸得到适当锻炼，大多数消化不良、便秘、轻微食物中毒的症状都能不治而愈。

林肯表达清楚的秘诀

林肯一直提倡使用浅显易懂的语言，以便让大家一听就能明白。第一次在国会发言时，林肯使用了“sugar-coated（裹有糖的；表面上吸引人的；）”这个词。印刷大亨，同时也是林肯的好友德弗里斯先生向他建议说：“在伊利诺伊做政治演讲用这个词没啥问题，但国会发言毕竟要载入史册，用这个词就显得不那么正式了。”“哦，德弗里斯，”林肯回答道，“要是你觉得在国会里有人听不懂这词，那么我就把它换掉，要不然我就照用不误。”

林肯曾向诺克斯大学校长格利弗解释过他本人为何对朴实的语言“钟爱有加”。他是这样说的：

> 在我最初的记忆中，我清楚地记得，当我还只是个孩子的时候，如果有人说了我听不明白的话，我会非常恼火，我想这是唯一能让我生气的事了，而且一直如此。有天晚上我正打算进卧室，这时我听见邻居跟我父亲聊天，之后我在房间里走来走去，满脑子都想着他们说的那些东西，听起来就像是某种“黑话”，结果我就这么想了大半夜。当我想弄明白某个东西的意思时，我就会辗转反侧，难以入睡，直到脑子里有点儿头绪才肯罢休，而当我有了头绪后，我就会一遍又一遍地重复，直到我觉得我认识的小伙伴都能听懂才满意。这是我的“钟爱之事”，一直都是。

一件“钟爱之事”？是的，那种钟爱差不多到了这般程度。新塞勒姆的校长门托尔·格雷厄姆证实：“我所知道的林肯这人，为了从某一概念的 3 种表达方式中找出最佳的那一种，他不惜埋头钻研数小时。”

人们在演讲中表述不清，一个再普通不过的原因就是，他们对自己想表达的内容也是一团糨糊，也就是印象模糊、概念不清。其结果呢？他们的脑子恰如在大雾里拍照的效果一般。他们需要学学林肯，为了弄懂晦涩的词句反复琢磨，甚至寝食不安。他们真需要采用林肯的方法。

求助于视觉

如我们在第四章中提到的那样，人的大脑从视觉神经接收的信息比从听觉神经接收的要多很多倍。科学告诉我们，人分配在视觉上的注意力是听觉的20多倍。

中国有句谚语，叫作“百闻不如一见”。所以，想要表述清楚，让你的要点和观点形象化。著名的国家收银机公司已故总裁约翰·H.帕特森采用的就是这一方式。他曾给《系统》杂志写过一篇文章，文中列出了他给员工和销售人员演讲时用到的一些方法：

> 我坚持认为，一个人想让听众明白自己的意思，或是引起他们的注意，光靠演讲本身是不够的。他还需要补充一些生动形象的东西。如果可能，最好补充一些可指明正误的图片，或者比纯文字更有说服力的表格，而图片比表格更具说服力。某一话题的理想陈述方式是，能在每个要点里用图片来支撑，而文字只用作连接信息的工具。我早年跟别人打交道时得出的经验是，图比什么都更有价值。
>
> 采用一些滑稽的小图画，其效果可谓无与伦比。我有一整套卡通图片说明或者叫“以图说文”。比如在美元符号周围画上一个圈表示一点钱，而一个带有美元符号的口袋则表示很多钱。满月脸[①]也是奇

① 类似现在常用的圆形表情图。——编者注

效颇多，线条弯曲一下就能体现各种表情——固守成规的人嘴角是下拉的，朝气蓬勃的人嘴角是上扬的。这些图画非常朴实，但最有表现力的漫画家并非那些画得最精细的人，关键是能用图片表达观点，形成对照。

两张图片放在一起，一幅是装着钱的大袋子，而另一幅是小袋子，这样就能很清楚地标明正确的方法挣钱多，而错误的方法则挣钱很少。要是你边讲解边迅速地勾勒出画来，你就不必担心听众会开小差，他们一定会盯着你看，紧跟着你演讲的节奏，直至你达到目的。记住，那些有趣的图片能让人心情愉悦。

我过去常常雇一个画家，没事就跟我在店里闲逛，如果我的职员有的地方做得不到位，他就会用素描的形式记录下来，我会把这些素描做成图片，然后把职员召集起来，让他们看看自己哪些地方做错了。当我听说有立体感幻灯机这种东西时，我第一时间就买了一台，用它来展示图片又比在纸上生动得多。后来我们又开始使用放映机，我想我可能是第一批放映机的尝试者之一。现在我们有一个规模不小的部门，制作了不少电影资料以及 6 万多张彩色立体图片。

当然，不是任何题材和场合都适宜采用道具或图片的，但如果可以，我们就要尽量使用，因为这不仅能吸引听众的注意，激发他们的兴趣，还常常能让我们的表达达到事半功倍的效果。

洛克菲勒分硬币

洛克菲勒先生也曾利用过《系统》杂志的一些专栏，他借此讲述他是如何通过视觉手段让别人清楚科罗拉多燃料钢铁公司的财务状况的：

> 我发现他们（科罗拉多燃料钢铁公司的员工）认为洛克菲勒财团从科罗拉多燃料钢铁公司持有的股份中攫取了巨额收益，因为一直都有人这么跟他们说。我就跟他们解释了实际情况，我向他们表明在跟燃油钢铁公司合作的14年中，洛克菲勒财团没有从该公司获取一分钱的股票红利。
>
> 在其中一次会议上，我用了一个形象的方法来解释该公司的财务状况。我掏出一把硬币放在桌上，首先从中拿掉一部分，代表工人的薪水——这是公司首先需要支付的；其次我再拿掉更多的硬币代表普通管理人员的薪水；最后剩下的硬币代表各部门主管的薪水，分完后桌上已经没有剩余的硬币可分给股东了。然后我就问："在座的诸位，在这个公司中，收入分配是相当公平的，工人、普通管理人员和部门主管，不论大小，都是合作伙伴，都应各有所得，第四方还能分到什么呢？"

充分发挥你的视觉功能，做到更确切、更具体。脑子里要有清晰的图像，就像白纸黑字一样醒目。举个例子，看到"狗"这个单词就能联想到这种动物的形象，可以是可卡犬、苏格兰牧羊犬等。当我说"斗牛犬"时，注意一下，你脑子里的图像是不是就更加鲜明了？因为这个词更为具体。要是我说"斑点斗牛犬”呢？是不是图像就更加具象化了？“一匹黑色的矮种马”是不是比“一匹马”更形象一点？“一只瘸腿的白色矮脚鸡”是不是比“家禽”更确切具体？

用不同的字眼重述要点

拿破仑声称反复是唯一严肃的修辞原则。他之所以这么说，是因为他知道自己清楚的东西并不代表别人可以立刻明白。他知道理解新的观点是需要时间的，还必须全神贯注于那些新的观点才行。简言之，他深知重复是非常必要的，而且重复还不能用一模一样的语言，这样做必然招致人们的反感，而这种反感也是合情合理的。相反，如果你能换种新鲜的方式去表述，那么你的听众绝不会认为你是在重复。

让我们来看一个具体的例子。已故的布莱恩先生曾说过：

> 要想让人们弄懂某个主题，除非你自己先搞清楚。你对某个主题心里越有底气，你告诉别人时才能讲得越清晰。

本段的后一句话不过是重述前一句的观点，但这两句话听来并没有重复之感，反而给人表达得更清楚的感觉。

在授课时，我很少能听到表述清楚、令人印象深刻的演讲，因为许多学员都不会使用“重复”的方法。绝大多数初学者都忽略了这个办法。实在是可惜啊！

采用总体阐述并辅以具体例证

要想在演讲中清晰地表达观点，最简单可行的方式就是总体阐述并辅以具体例证。那么这两者有何不同？顾名思义，二者就是总体与具体之别。让我们用一个实例来加以说明。假如我们这样表述："许多专业人士收入惊人。"

这种表述清楚吗？你是否能真正理解说话人到底想表达什么意思？不，其实连演讲者自己也不太确定听众会如何理解这种说法。可能一位欧扎克山区的乡下医生听了之后会想到演讲者说的是小城镇里年收入5 000美元的家庭医师；一名成功的采矿工程师听过后兴许会想到他那些年收入达10万美元的同行。实际说来，这样的表述太过模糊，也不太严谨，需要缩小范围，演讲者应该加入一些阐释性的细节来表明他具体指的是哪些"专业人士"，以及收入到底怎样"惊人"。

这些"专业人士"可以是律师、职业拳击手、曲作家、小说家、剧作家、画家、演员或是歌唱家，他们的收入似乎比美国总统还要高。

如此一来表达不就更清晰了吗？不过这种表述仍然不太具体，只是泛泛而谈。比如他说过"歌唱家"，而没有具体到哪一位，例如是柯尔斯顿·弗拉格斯塔德，还是莉丽·庞斯？

因此，上面的表述显得很模糊。我们脑海里无法唤起一些具体事例来辅佐那一表述。如果演讲者采用一些具体的例证，会不会显得更清楚明了一些呢？我们不妨看看下面这段。

著名辩护律师萨缪尔·昂特迈耶和马克斯·施托伊尔一年能挣100万美元；重量级拳王杰克·登普西年收入可达50万美元；职业拳击手小乔·路易斯尽管未受过教育，但他在20出头时年收入已过50万美元；厄文·博林据说靠其拉格泰姆音乐每年也能挣上50多万美元；剧作家西德尼·金斯利每周上交的版税高达10 000美元；英国著名作家赫伯特·乔治·威尔斯在自传中提到，写作已经为他带来300万美元的财富；墨西哥壁画家迭戈·里维拉每年的收入也超过50万美元；著名演员凯瑟琳·康奈尔曾多次拒绝出演周薪为5 000美元的电影。

这下，那名演讲者想要表述的内容就足够清晰了吧？所以，阐述观点一定要做到具体、准确、详尽。这不仅能让演讲表达得更加清晰，同时也更能说服听众，给人留下深刻的印象。

不要模仿山羊

在对教师所做的一次讲座中，威廉·詹姆斯教授突然停下来，说每节课只能讲一点，而他所指的那一点持续了一小时。然而，我最近听了一名演讲者的发言，秒表限制他讲3分钟，可他开口便说自己要讲11个要点，也就是说每个要点只有16.5秒的时间！这是不太可能的！明智之人本不该说出如此荒唐的话来。当然，我只是引用了个极端的例子，然而许多新手都挺容易在这上面栽跟头，尽管情况不像那位演讲者那么严重。如果说这是一日游遍巴黎，那当然可以做到，就好比游客能在30分钟内逛完美国自然历史博物馆一样。不过，其结果是既无清晰感，也无娱乐性。许多演讲的失败之处就在于演讲者想在有限的时间内面面俱到，结果就像一只山羊一样，快速而敏捷地从一处跳到另一处。

大部分演讲都必须简洁明了，所以演讲者必须量体裁衣。比方说，如果你的话题与工会相关，那你千万别指望在几分钟时间里能说清其起源、运作方式、取得过哪些成就、犯过哪些错误、如何解决劳资纠纷等。千万不可以这样做，你若这样做，那谁都不知道你到底讲了什么。而你的演讲会让人非常困惑，所有内容不过是一带而过，无异于一个提纲。

关于工会这一话题，选择一点，并只就这一点进行充分阐述，这样做会不会更明智一点儿呢？会的。如此一来，你的演讲就会让人印象深刻、容易理解、好听好记。

然而，如果你在演讲中必须涵盖几个要点，在结尾时做个简要总结往往是可取的。接下来让我们看看怎么按这一建议来操作。以下是本章的小结，读完后你会不会觉得对我们前文讲过的内容更加清楚明白了呢？

小　结

1. 演讲时表述清楚至关重要却也难以操作，必要时可以采用比喻的方式。

2. 耶稣使用人们已知的事物去描述未知的东西。他把天堂比作酵母、商人购买珍珠以及在海上撒网。如果你想让人对阿拉斯加有个十分清晰的概念，不要用多少平方千米来说它的面积，要说阿拉斯加的地域可以装下哪些州，同时还可以把阿拉斯加的人口和你正在做演讲的当地人口做个比较。

3. 在演讲中避免使用术语，你可以学学林肯的办法，把你的观点用最浅显的语言表达出来，最好是小孩都能听懂的语言。

4. 务必确保对你的演讲内容滚瓜烂熟，恰如你看见午后光景那样清清楚楚。

5. 求助于视觉。如有可能，不妨使用道具、图表作为辅助手段。表述要准确。如果你想表达“一只右眼有斑点的狐狸犬”，那么就不要简单地用“狗”一语带过。

6. 复述自己讲过的要点，但不要简单地重复，要变换句式，让听众察觉不出你是在重复。

7. 抽象信息最好有具体事例阐述加以补充，如有专门且具体的例证，那就更好了。

8. 不要尝试面面俱到。演讲时间有限，一个话题下能讲一两个要点就够了。

9. 结尾时总结自己讲过的要点。

第十一章 如何使你的听众感兴趣

你此刻正在阅读的这一页，你此刻正在看的这张纸，看起来再普通不过了，不是吗？就这样的纸页而言，你曾读过数以千计，所以你现在觉得它似乎索然无味、平淡无奇。但如果我告诉你一件奇怪的事，那你极有可能会对它产生兴趣。那我们就来看看吧。如你所看见的那样，这页纸似乎就是固体物质，但实际上它的构造更像是一张蜘蛛网，而不是固体物质。在物理学家看来，这张纸是由无数个原子构成的。那么原子到底有多大呢？我们从第十章中获知，一滴水中包含的原子数量相当于整个地中海的水滴数量，一滴水中包含的原子数量相当于世界上所有草的数量。那么，构成这张纸的原子又是由什么构成的呢？是由更小的被称为电子和质子的物质构成的。

所有电子都远远地围绕质子旋转，相对来说，就好比月亮围绕地球公转一样。这个细微空间的电子沿其轨道旋转，其速度约为每秒 16 000 千米。也就是说，这时你手中握着的这页纸所包含的电子，就在你开始阅读这句话的时候，其旋转的距离差不多等于纽约到东京那么远。

仅在 2 分钟之前，你还觉得这张纸不过是个毫无生气、死气沉沉的东西，而实际上，它却包含神奇奥秘，那绝对是一股能量巨大的飓风。

如果你现在对这张纸产生了兴趣，那是因为你了解到它新颖而奇特的事实。这里藏着一个让人感兴趣的秘诀，即一个重要的真理，一个让我们在交际中都可以获益匪浅的真理：人们对完全陌生的东西不会感兴趣，而老掉牙的东西也对我们毫无吸引力。我们想要知道的是对一些旧事的翻新。比如，对一名伊利诺伊州的农民来说，你总不能指望靠描述布尔日大教堂或蒙娜丽莎来吸引他吧。这两样东西对他来说太陌生，也跟他以往所关注的东西没有一点儿关系。

但是，如果你跟他聊荷兰的农民在海平面下种地、凿渠做栏、修桥当门，那肯定能吸引他的注意力。就在你跟他说荷兰的那些农民在冬天跟奶牛同住一个屋檐下，这些奶牛有时还透过花边窗帘“欣赏”外面那一场场大风雪时，那位农民朋友会听得津津有味，半天合不拢嘴。他对奶牛和栅栏自然再熟悉不过了，因为你根据老东西谈出了新观点。“给一头奶牛挂窗帘？”他会感叹道，“我闻所未闻呢！”然后他就会把你说的这些东西再讲给他的朋友听。

下面一段文字，读一读，看你本人是否对它感兴趣。如果感兴趣，那你知道是为什么吗？

硫酸对你的影响

大多数液体通常是按品脱、夸脱、加仑或桶来进行计量的。我们一般会说多少夸脱酒、多少加仑牛奶、多少桶糖浆。当人们发现一口新的油井时，我们会说其产量为每日多少桶。然而，有一种液体，由于其产量和消耗量巨大，往往采用吨的单位来计量。这种液体就是硫酸。

硫酸跟我们的日常生活密切相关。若是没有硫酸，车就得停下来，你我就不得不重坐马车，因为硫酸广泛应用于煤油和汽油的精炼与提纯。若是没有硫酸，办公桌上的台灯、客厅里的吊灯、卧室的床头灯也都统统成了摆设。

当你清晨起床、用自来水洗漱时，你用的镀镍水龙头，它的制造也离不开硫酸。你的搪瓷浴缸的制作同样需要硫酸。你用的香皂极可能是用油脂合成的，而油脂事先就经硫酸处理过。你用的毛巾在跟你“接触”前先跟硫酸“接触”过。你那发刷上的毛、你那赛璐珞[①]梳子，若是没有硫酸是造不出来的。毫无疑问，你用的剃须刀在退火后也经过了硫酸的浸泡处理。

你穿上内衣，扣好外套。布料的漂白业者、染料制造商都用过硫酸。纽扣生产商极可能觉得没有硫酸就无法做出产品。制革工人在生产皮鞋时用过硫酸，而你我如果想给皮鞋打蜡上光，还会再用上硫酸。

你早上下楼用餐。那套杯子和碟子，要是离开了硫酸就不可能是纯白色的。硫酸起着镀金和其他装饰性色素之用。你用的镀银汤勺、刀叉等，它们都是用硫酸浸泡过的。

一天下来，你无时无刻不在与硫酸打交道。无论去哪儿，你都离不开硫酸的影响。战争中人离不开硫酸，和平时期同样也离不开它。既然硫酸在人类生活中扮演着如此重要的角色，那么一般人应该不会对它一无所知吧？可事实恰恰相反。

---

① 是早期商业生产的合成塑料。日常生活中，赛璐珞被广泛应用的地位已经不复存在，逐渐被其他更安全的塑胶所取代。——编者注

如何成为一个健谈的人

许多人不善言辞，是因为他们只谈自己感兴趣的事，而这些内容对于其他人来说可能无聊到了极点。不妨换一下顺序。设法让对方多谈一谈他的兴趣、他的事业、他的高尔夫得分纪录、他的继承人，如果对方是一位母亲，就设法让她说说她的孩子。让别人去说，你则用心地听，你就会给予他人快乐。到头来，你在对方眼里就会被视为一个健谈的人——尽管你差不多没说多少话。

在一场公共演讲课程的结束晚宴上，费城的哈罗德·德怀特先生做了一个非常成功的演讲。他对在座的每个人依次做了点评。他提到学员们在培训伊始是怎样的表现，随着课程的深入他们又取得了怎样的进步；德怀特先生回忆了许多人的演讲以及他们讨论过的话题；他还夸张地模仿了一些学员的演讲，惹得在座的人哈哈大笑，让所有人都觉得很愉快。有了这些素材，他又怎么可能失败呢。这简直就是最理想的话题。在整片蓝天下，你都不可能找到比这更让在座听众感兴趣的话题了。德怀特先生对如何操纵人性可谓了如指掌。

一个赢得 200 万读者的创意

几年前，《美国》杂志销量直线上升，在出版界引发了轰动。其中的秘密何在？就在于已故的约翰·M. 西多尔先生及其各种创意。当我初次见到西多尔先生时，他还是该杂志社趣味人物专栏的主管。我也曾为他写过几篇文章。有一天，他坐下来跟我进行了一次促膝长谈。

“人都是自私的动物，”他说道，“他们主要对自己感兴趣。他们不太关心政府是否应该拥有铁路，但他们会去想如何获得成功、如何才能挣到更多的钱、如何取得保健效果。”“我要是杂志社的主编，”他继续说道，“我就会告诉他们如何保护牙齿、如何沐浴、如何在炎炎夏日里享受清凉、如何求职、如何管理员工、如何买房子、如何提高记忆力、如何避免语法错误等。人们总是对成功人士的故事感兴趣，所以我会请个有钱人谈谈他是怎么在房地产上挣到 100 万美元的，也会请几位知名的银行家和各大公司的董事长谈谈他们如何白手起家，直至站上财富和权力巅峰的。”

不久，约翰 · M. 西多尔先生真的升任了《美国》杂志的主编。这份杂志在当时发行量并不大，差不多要关门大吉了。而他将之前所说的创意都一一付诸实践，结果怎样呢？简直势不可当。这本杂志的销售量直线攀升，20 万册、30 万册、40 万册、50 万册……那里潜藏着读者大众需要的东西。很快，每个月购买杂志的读者达到了 10 万人、150 万人，一直攀升到 200 万人，其增长势头一直持续了很多年。西多尔成功的秘诀是他抓住并利用了人皆“自私”的心理。

引人注意的演讲素材

如果只谈一些事情和观点，你极有可能会让人烦心，但如果你谈及人，那你不可能抓不住他们的兴趣。在街头巷尾、房前屋后、茶馆里、餐桌上，每天都有无数的对话，这些对话中最主要的内容是什么？就是一些名人。某男性说了这个，某女性说了那个；我见她做这事、那事；他“杀了人”；等等。

我在美国和加拿大给很多小学生做过演讲，并且很快就发现，要想让这些小家伙对你的演讲感兴趣，那就得给他们讲讲关于名人的故事。

一旦我讲的内容变得笼统、抽象，小约翰就在座位上动来动去，小汤姆就冲着其他人做鬼脸，小比利则朝过道里乱扔东西。

我曾让一群在巴黎的美国商人谈谈“成功之道”这一话题。他们中的许多人都对各种朴实无华的美德大唱赞歌，结果让自己的听众大为反感。（顺带说一句，我最近听到一位美国商界的重量级人物在电台就同一话题发表演讲时，也犯了相同的错误。）

我于是暂停了课程，说了下面这番话：“我们想听的不是说教。这样没人喜欢。要记住，你讲的内容一定要有趣，否则，不管你在说什么，我们都不会注意去听的。同时还要记住，这世界上最有趣的事情之一就是把街头巷尾的小道消息加以美化、升华。所以请告诉我们你所知道的某两个人的故事。说说他们为什么一个成功，另一个却失败。这才是我们乐于听的东西。只要能记住这一点，你从中或许能受用无穷。顺便说一句，讲故事比说空话、套话要简单得多。”

我开设的演讲课程有这样一名学员，此人发现自己的演讲内容不仅听众不感兴趣，就连他自己都觉得没意思。然而，就在那天晚上，他听了我说讲人物故事的建议，便告诉我们他在大学里的两个同学，说其中一个非常节约，所有的衣服都是从镇上不同的商店里买来的，然后画出一张表，再标上哪家的衣服最耐洗、哪家的衣服最耐穿，以及哪家的衣服性价比最高。他满脑子装的都是些鸡毛蒜皮的小事。然而当他从那所工程学院毕业之后，他自视甚高，不愿像其他人一样从底层干起，一步一步向上打拼。当大学同窗毕业 3 年聚会时，他仍然在画表、盘算衣服的小账，仍在等待某些非同一般的好事落在自己头上，可就是没等到。25 年过去了，这个愤世嫉俗的人仍然是个小职员。

接着，他又提到自己的另一位大学同窗，此人的成功出乎所有人的意料。他很擅长交际，也很讨喜。尽管他志向高远，但一开始他还是老老实实地从一名制图员干起，并一直在静待良机。布法罗当时正在为举办泛美博览会征集计划书。他深知自己的工程设计天赋在那儿一定会有用武之地，于是辞去自己在费城的那份工作，之后去了布法罗。凭借善于交际的性格，他很快结识了当地一位颇有政治影响力的朋友。两人一拍即合，随即开始承保业务。他们为当地的电话公司做了不少工作，最终被电话公司高薪录用。现在他已成为西联电讯公司的主要股东之一，身家上百万。

我们在这里只是概述了他的演讲内容，他在演讲中还加入了许多有趣的细节，让整篇讲稿变得妙趣横生……这名学员平常准备一个 3 分钟演讲的素材都觉得十分困难，而这次却滔滔不绝、侃侃而谈，结束的时候他发现自己竟然讲了半个多小时，这让他自己都难以相信。而这个演讲确实很有趣，以至听众都觉得意犹未尽。该学员第一次尝到了胜利的滋味。

几乎每个人都可以从这个案例中学到一些东西。一般来说，只要有丰富的人物材料做支撑，演讲都会变得更有吸引力。演讲者只需讲几个要点，然后用大量具体而生动的例子去充实这些要点。这样的演讲绝对会抓住听众的注意力。

如果可能的话，类似的故事要包含拼搏、目标和获胜等元素，因为我们大家都对奋斗和打拼之类的话题有着浓厚的兴趣。有句老话说，世人皆爱有情人，其实并非如此。世人真正想看的是争斗。他们都乐于见到两个男人为一个女人而争得你死我活。为了证明这一点，随便挑一本小说、杂志，或是去看一场电影。当看到那知名的男主人公历经波折终于跟女主人公拥抱在一起时，观众就开始起身抓起衣物、戴上帽子准备离场了。5 分钟之后，那些扫地的女工一边挥舞着扫帚，一边絮絮叨叨起来。

几乎所有的小说都是这么一个套路：让读者喜欢上小说里的男女主人公，让主人公对某样东西朝思暮想却得不到，然后再让读者看看主人公是如何通过奋斗得到那样东西的。

关于某个人如何驰骋商海、奋力战胜一切，最后功成名就的故事向来很有启迪性，也具有吸引力。一位杂志编辑曾经告诉过我，任何人的真实生活故事都是有趣的。每个人都有类似的经历，谁又不曾奋斗、打拼过呢？一个人的故事，只要讲述得当，肯定会吸引人。这一点毋庸置疑。

具体化

在这门演讲课程中，我曾有过这样两名学员：一名是哲学博士，另一名是曾在英国海军中服役 30 年的军人。那名举止优雅的博士是个大学教授，而他那位穿越过四大洋的同窗是某搬家公司的老板，整日走街串巷。非常奇怪的是，这个搬家公司老板在上课期间的每场演讲都比那名大学教授更能吸引听众。为什么会这样呢？这位教授讲着一口纯正的英语，语言流畅、逻辑严密，举手投足间气度非凡。但是他的每场演讲却少了一个至关重要的因素，那就是具体化。教授的演讲过于模糊、笼统，而他的同窗上场便开门见山，表述确切而具体，再加上其军旅气魄以及新鲜的措辞，每次都讲得栩栩如生。

我举这个例证，并非要说明大学教授和搬家公司老板都是这样，而是想说明让演讲变得有趣的能力——不管教育背景如何——在于演说者有无让演说内容变得明确而具体的习惯。

这一原则非常重要，因此我们觉得有必要用几个例证来加深诸位的印象。我们希望各位牢牢记住这一点，万万不可忽视其重要性。

例如，下面两种说法，是“马丁·路德·金年少时顽劣不堪、桀骜不驯”有趣，还是“马丁·路德·金承认自己一个下午就被老师们揍 15 次”更有趣呢？

“顽劣不堪、桀骜不驯”等词在注意力方面没什么价值。而挨揍的次数难道不是更容易听明白吗？

旧式的自传写作手法往往是泛泛而谈，亚里士多德一语中的地称之为“脆弱心灵的避难所”。而现在的自传写作手法是列举大量具体的事例，让事实说话。旧式的自传作者总是说某某人出身“贫寒而诚实之家”，而现在的手法则说某某人因家庭贫寒而无力购买罩靴，因此如遇到风雪，他只能在鞋上套上麻袋布片御寒。尽管如此贫寒，他从不出售掺假牛奶，也从来不把患肺气肿的马以次充好卖给他人。这样的叙述表明他“贫寒而诚实”，不是吗？难道采用一种远比“贫寒而诚实”更有趣的方式表述不行吗？

如果这一办法对现代传记作者有用，那么对现代演讲者来说也一定有用。

图像化语言

在这一兴趣的激发过程中，有一个最为重要却又几乎被人忽视的技巧。一般的演讲者似乎没有意识到它的存在，又或许从来就没有认真想过。我指的是图像化语言过程。一个论述，让人听起来轻松的演讲者讲起来，就像把一些画面挂在你的眼前一样。反之，只会运用模糊不堪的语言、老生常谈、苍白无力的符号的演讲者，将使听众昏昏欲睡。

图像！图像！图像！它们就如同你呼吸的空气一样遍地都是。如果将它们穿插进你的演讲和谈话中去，那你就会变得更加风趣。

这样的演讲或者文章实在叫人难以忘却，就像在电影院时，面对眼前银幕上不断转换的场景，你想不去留意都不可能。

很久以前，在其著名的短文《文体的哲学》中，英国哲学家赫伯特·斯宾塞就曾指出过使用图像化语言的优势：

> “我们不是，”他说道，“不是按照笼统方式，而是按照具体方式思考的……我们应避开这类句子，如‘若某国的礼仪、风俗及娱乐是野蛮残酷的，那该国刑法典中的条款必将是苛刻的’。反之，我们应该这样写：‘若男人以打仗、斗牛和角斗为乐，那他们必将会受绞刑、火刑以及肢刑的惩罚。’”

莎士比亚作品中的图像化语言随处可见，恰如一台苹果压榨机周围密密麻麻的蜜蜂一般。比如，一个平庸的作家极可能在表达“对已完美之物做进一步的改善”时，用“多此一举”之词。那么莎士比亚是怎样表达相同意思的呢？他使用了万世传颂的图像化语言：“为纯金镀金，为百合着色，给紫罗兰洒香水。”

你可曾观察到，那些代代相传的谚语几乎都是图像化语言吗？比如“一鸟在手，胜于双鸟在林”“不下则已，一下倾盆”“牛不喝水，强按头难”。你还会发现，那些数世纪沿用、老掉牙的明喻，其实也包含着同样的图像化语言的因素，比如“跟狐狸一样狡猾”“死得如门钉一样硬”“像煎饼一样平坦”“硬得跟岩石一样”等。

林肯一直习惯于使用图像化语言。他对白宫的办公桌上那些冗长复杂、官话连篇的报告头疼不已。他对此表示反对时，也采用了令人难以忘怀的图像化语言。“我让一个人去买马，”他说道，“我可不想别人告诉我马尾巴上有几根毛，我只想知道那匹马有哪些优点。”

对比可以激发兴趣

不妨来听听英国历史学家麦考利对查理一世的谴责。请注意，麦考利不仅使用了形象化的语言，还运用了平行句式。强烈的对比总是能引起我们的注意。而强烈的对比正是这段文字出彩的基石：

> 我们指控他违背其在加冕仪式上对人民许下的承诺，却履行了自己的婚姻誓言！我们谴责他，因为在其子民遭受暴虐无道的教会蹂躏时，他却对自己的幼子疼爱有加！我们声讨他，因为他在一番权衡后答应遵守《权利请愿书》，却一如既往地坚持在每日清晨6点祷告。我们深信不疑，他的公众形象，连同其范戴克式服饰、俊朗的面庞及其尖尖的胡须……

兴趣具有感染力

至此，我们一直都在讨论什么样的内容可以令听众感兴趣。但是，如果你机械地按照这些建议去做，你的演讲很可能会变得枯燥呆板、单调乏味。迎合听众的兴趣是一项精细活儿，它更注重感情和心灵的契合，这有别于操作一台机器，没有精密的规则可言。

请记住，兴趣是会互相感染的。如果你陈述的东西非常差劲，那么你的听众一定不感兴趣。不久前，我在巴尔的摩公共演讲课期间，有一名先生起身警示自己的听众，如果继续以当前方式捕捞岩鱼，那么这一物种行将灭绝于切萨皮克湾，也就数年时间而已！他对这个主题感触极深。这一点非常重要。他在举手投足间流露出了真情实感。在他起身演讲之前，我并不知道切萨皮克湾有一种叫岩鱼的物种，我想在场的大部分听众也跟我一样对此一无所知，也没什么兴趣。然而，不等他演讲完毕，我们都似乎跟他感同身受。如果有人给立法机构呈交依法保护岩鱼的请愿书，我想我们一定会在上面签上自己的名字。

我曾请教过时任美国驻意大利大使的理查德·沃什伯恩·蔡尔德，问他身为风趣作家的成功秘诀。他回答道："我对生活充满激情，于是闲不下来，我只想把自己的感受告诉读者。"对于类似的演讲者或作家，谁又会不着迷呢？

我在伦敦听过一个演讲，等演讲者说完之后，我们当中的一位听众，英国著名小说家 E. F. 本森先生说他更喜欢演讲的后半部分。我问他何出此言，他回答道："演讲者似乎对后半部分更感兴趣，而我总是寄希望于演讲者传达出自己的兴趣和热情。"其实人人如此。请务必记住，兴趣具有感染力。

小 结

1. 我们对于平凡事物中蕴含的不平凡真相持有浓厚的兴趣。

2. 我们的主要兴趣就是我们自己。

3. 能引导别人谈及自己及其兴趣而又非常用心倾听的人，一般都会被认为是相当健谈的人，尽管此人并没说多少话。

4. 传为美谈的小道消息加人物故事等总能吸引他人的注意。演讲者只需讲出其中几点，并用一些“人情味”浓的故事予以说明即可。

5. 演讲要明确而具体。千万别学那些“贫寒而诚实”式的老派演讲者。千万别说少年时期的马丁·路德·金“顽劣不堪、桀骜不驯”。不妨提及那一事实，接着再加上一句，那就是他的老师常常一个下午揍他“15 次”，这样一来，你笼统的叙述才会显得清楚明了、感人至深且生动有趣。

6. 在你的演讲中要不时地穿插一些图像化的词句，让一些画面浮现在自己的眼前。

7. 如果可能，请尽量使用平行句式以及强烈的对比。

8. 兴趣极具感染力。如果演讲者对自己的内容陈述不力，那他的听众也一定能感觉到，但机械性地套用某些方法是无法赢得听众好感的。

第十二章
提高措辞能力

一个既没工作，又无存款的英国人游荡在费城的街头，想谋份差事。终于，他来到保罗·吉本斯先生的办公室，希望得到一个面试的机会。吉本斯先生是费城大名鼎鼎的生意人，他满腹狐疑地打量着眼前这位不速之客，觉得他的形象看上去实在别扭：破衣烂衫，浑身上下都透着穷困。但出于好奇与同情，吉本斯先生还是给了他面试的机会，刚开始吉本斯先生只打算听一会儿，结果数分钟过去了，一个小时过去了，谈话仍在继续。最后，吉本斯先生给投资银行经理罗兰德·泰勒先生打电话。泰勒先生是费城的大金融家，他邀请这位陌生人共进午餐，并给了他一份好工作。这个穷困潦倒、其貌不扬的家伙，是如何在短时间内让自己交上好运的呢？

答案其实很简单：良好的语言功底。实际上，这个人毕业于牛津大学，为了生意来到美国，结果生意搞砸了，落了个血本无归。身无分文，举目无亲，他就被困在了美国。但他说得一口流利优雅的英式英语，足以使听者一下子就忘记他那落魄的形象。良好的语言能力成为他在商界通行无阻的护照。

这个人的故事有些超乎寻常，却也说明了一个基本事实：察其言则知其人。言语能反映出一个人的修养，有洞察力的听者只要听一听对方所言，就知道此人与谁为伍。言语会体现说话人的教育程度和文化修养。

我们与这个世界只有 4 种关联方式：你、我、他、我们大家。同样，别人也是通过 4 个方面对我们加以审视和归类：工作、外表、言谈以及言谈的方式。然而，很多人一辈子都是浑浑噩噩，从学校毕业之后，从来没有意识到应该努力增加自己的词汇量，应该仔细研究词语含义上的细微差别，应该把话说得准确而漂亮。很多人已经习惯使用那些办公室里以及街头巷尾的陈词滥调。这就难怪常发错音、读错字，语言不符合语法规范了。我经常听到大学生说“ain't”“he don't”“between you and I”等字眼。如果连这些号称受过高等教育的人都犯这样的低级错误，那么那些由于经济原因而辍学的人又会怎么样呢？

前些年的某个下午，站在罗马大剧场的遗址前的我正思绪飞扬，一个陌生的英国人走了过来，一番自我介绍后，就同我聊起他在这座“永恒之城”的经历，但他说了不到 3 分钟就出现了“you was”“I done”等错误。早上起床后，他把皮鞋擦得锃亮，换上干净的衣服，这样可以保持自己的体面，赢得别人的尊重，但他的言语远远不像他的穿着那样一丝不苟。他觉得和女士对话时没有脱帽是一件很丢脸的事，但他在面对有辨识力的听众，用错误百出的语言冒犯他们的耳朵时，却不以为意。他一开口就透露出自己的身份和地位。糟糕透顶的语言一直在准确无误地告诉别人：说话人没什么教养。

在哈佛大学担任过 30 多年校长的查理・艾略特博士曾说过：“我认为，不论男性还是女性，心理习得都是他们所受教育的必然组成部分，也就是说，能准确体面地使用母语。”这是一个很重要的观点，大家不妨认真思索一番。

你或许会问，怎样才能在用词时做到信手拈来，且用得准确而又漂亮呢？幸运的是，这个问题的答案是公开的秘密，很多人都知道其中的诀窍。林肯就非常善于运用这个方法。没有哪位美国人像林肯一样能用文字编织出这样一幅美丽的画卷，能用语言谱写出这样一首动人的乐曲：“恶念弗存，仁爱天下。”

林肯的语言禀赋真的是天生的吗？没有材料佐证这一点。要知道他的父亲是个目不识丁的木匠，想着能过日子就行，而母亲只是一位普通妇女，林肯估计不太可能遗传到什么语言天赋。后来他成为国会议员，需要填写档案，在“教育程度”那一栏他是这么填的：未受正规教育。实际上，他只上过不到12个月的学。那他师从于谁呢？他在肯塔基州的森林里听过扎卡里亚·伯尼和卡莱布·哈兹尔的课，在印第安纳州的皮金克里克农场听过阿泽尔·多尔西和安德鲁·克劳福德的课，这几位都是游历四方的学者，专门去偏远贫穷、缺老师的地方支援基础教育，他们教孩子们基础的读、写、算，家长拿火腿、玉米、小麦之类的抵学费。其实林肯从他们那里并没有学到什么东西，也没有受到什么启发，当然他的生活环境也没有给他多大的帮助。

林肯在伊利诺伊州第八司法区所结识的那些农民、商人、律师和诉讼当事人的语言能力平平，他并不与这些跟自己差不多的或者不及自己的人天天接触，而与当时那些社会精英、歌唱家、诗人进行精神交往。林肯可以完整地背诵彭斯、拜伦和勃朗宁的著作，还曾写过关于拜伦的文章。他家里和办公室里各放了一本拜伦的诗集，他尤其喜欢拜伦的《唐璜》，办公室的那本集子翻了太多次，随便一动就翻到《唐璜》上。林肯入主白宫之后，内战的压力让他精疲力竭，脸上也刻下了道道皱纹。即便如此，他枕边也常放着胡德的诗集，有时间就读一读。有时候半夜醒来，打开书翻两页，偶然读到几首令人高兴或是振奋人心的诗句，林肯就会披着睡衣，穿着拖鞋，悄悄地穿过走廊找秘书一首一首地读给他听。林肯甚至挤时间背诵莎士比亚的诸多作品，可以指出演员的一些错误，并且告诉他们自己对莎翁作品的理解。他给演员哈克特的信中写道：“跟其他业余爱好者一样，很多莎翁的戏剧我是看了又看，像《李尔王》《理查三世》《亨利八世》《哈姆雷特》，尤其是《麦克白》，我认为最棒的就是《麦克白》，没什么比得上它。”

林肯酷爱诗歌，他不仅在公开和私下的场合里背诵，还尝试着自己动笔写诗。在姐姐的婚礼上，他读了一首自己写的长诗。后来，到了中年时，林肯自己创作的诗歌写满了一本笔记本，但他不好意思给别人看，就算是自己最亲近的朋友也没让看。

路德·爱默生·罗宾逊在其著作《文人林肯》一书中写道：“这个自学成才的人，用纯正的文化武装自己的思想。你可以说他是天才或是天赋异禀，但埃莫顿教授在说伊拉斯谟的教育时提到林肯自学成才的过程，他这样说道：‘林肯没怎么上过学，完全就是靠自学，他使用的方法其实非常普遍，那就是不知疲倦，不断地学习和练习。’”

林肯曾在印第安纳州的皮金克里克农场干着剥玉米、杀猪的活儿，每天挣 31 美分以维持生计。而在葛底斯堡，他却发表了人类历史上最伟大的演说。17 万人参加了葛底斯堡战斗，7 000 人阵亡。林肯去世后不久，政治家查尔斯·萨姆纳说，就算葛底斯堡战役淡出人们的记忆，林肯的葛底斯堡演讲也将永远被人铭记。如果将来有一天，人们重新想起这场战斗，也许多半是因为他的这场演讲。有谁会怀疑萨姆纳的预言吗？

爱德华·埃弗里特在葛底斯堡讲了 2 个多小时，人们早已忘记他讲了什么；林肯只讲了不到 2 分钟，现场有一位摄影师想拍一张林肯演讲的照片，还没等摄影师摆好那架原始的相机，演讲就结束了。

林肯的演讲词作为英语作品的光辉典范，被镶铸在青铜上，永久地保存在剑桥大学博物馆里。每个学习公共演讲的学生都应该牢牢记住：

87 年前，我们先辈在这个大陆上创立了一个新的国家……奉行人人生而平等的原则。

现在，我们正在从事一场伟大的内战，以考验这个国家，或者任何一个孕育于自由和奉行人人生而平等原则的国家是否能够长存下去。现在，我们集会在这场战争中的一个伟大战场上。烈士们为使这个国家能够长存下去而献出了自己的生命，我们来到这里，旨在贡献出这战场的一角，用作他们的安息之所。我们理所当然地应该这样做。

但是，从更广泛的意义上说，这块土地我们不能够奉献、不能够圣化、不能够神化。那些曾在这里战斗过的勇士，无论活着，还是已经去世，已经把这块土地圣化了，这远不是我们的微薄之力所能增减的。我们今天在这里所说的话，世人不会留意，也不会长久记住，但那些勇士的事迹，世人却会永远记住。对我们这些还活着的人来说，从此应该奉献于勇士们，并以崇高的境界向前推进其未竟的事业。对我们这些还活着的人来说，从此应该奉献于仍留在我们面前的伟大任务——我们要从这些崇高的捐躯者身上吸取更多的献身精神，并完成其一心为之献身的事业；在此，我们下定最大的决心，不让这些英勇的捐躯者白白牺牲；我们要在上帝保佑下，使我们的国家获得自由的新生，使这个民有、民治、民享的政府永世长存。

一般人都认为《葛底斯堡演说》中最后那句不朽的话是林肯的原创。真是这样吗？在此数年前，林肯的同事律师霍恩登曾给过他一本西奥多・帕克的演讲集。林肯读了这本书，并且在其中的一句话下面画了横线，那句话是："民主是直接自治的，它是民有、民治、民享的。"而西奥多・帕克可能是借用了韦伯斯特的话。4 年前，在著名的《再答海恩》演讲中，韦伯斯特如是说道："人民的政府为人民服务、由人民创造、对人民负责。"而韦伯斯特可能是从詹姆斯・门罗总统 30 年前的一段带有同一思想的讲话中得到的启发。那么詹姆斯・门罗总统的灵感又是从何而来呢？在 500 年前，英国宗教改革家约翰・威克里夫曾在他翻译的英文版《圣经》的前言中说道："谨以这本《圣经》，献给民有、民治、民享的政府。”而早在威克里夫之前，比耶稣还早400年的时候，克里昂在对雅典人的一次演讲中曾经提到，统治者应该是“人民选出来的、受人民监督的、为人民服务的”。至于克里昂又是从哪里得到的灵感，答案已经消失在历史迷雾中，无从考究。

真正新的东西少之又少，有多少伟大的演说家不是通过书籍而获得灵感的呢?

书籍，这正是秘密之所在。想要扩展词汇量，就必须一直把自己沉浸在书的海洋里。约翰·布莱特说：“置身于图书馆，唯一的遗憾就是在我有限的生命中不能享尽这份精神的饕餮盛宴。”布莱特15岁就辍学去了纺织厂挣钱糊口，而且从此以后再也没回到学校。然而，布莱特却成为一位伟大的演说家，以其非凡的语言能力而闻名。他阅读、学习、抄录拜伦、弥尔顿、华兹华斯、惠蒂埃、莎士比亚和雪莱的作品，把大段的文字抄在笔记本上，记在脑子里。他每年都要重新读一遍弥尔顿的《失乐园》，以增加自己的词汇量。

为了改进自己的风格，查理·詹姆斯·福克斯常常大声朗读莎翁的作品。格莱斯顿称自己的书房为“静安斋”，里面藏书15 000多册。他坦诚地说，圣·奥古斯丁、但丁、亚里士多德和荷马等人的作品对他的帮助最大，其中荷马的《伊利亚特》和《奥德赛》是他的最爱。格莱斯顿总共写过6本与荷马诗以及荷马时代相关的书。

英国前首相小皮特每天会读一两页希腊语或拉丁语的作品，然后翻译成英语。他一直这样坚持了10年之久，因此“他获得了一种无与匹敌的力量，那就是能够做到才思敏捷、出口成章”。

古希腊雄辩家德摩斯梯尼把修昔底德的历史著作誊写了8遍，以求能学到这伟大的希腊历史学家的文笔。结果呢？前有德摩斯梯尼抄录修昔底德，后有美国第28任总统伍德罗·威尔逊为提高自己的写作水平而仔细研读德摩斯梯尼的作品。曾任英国首相的赫伯特·亨利·阿斯奎斯觉得，阅读爱尔兰哲学家、大主教乔治·贝克莱的作品让自己受益匪浅。

英国桂冠诗人丁尼生每天阅读《圣经》；托尔斯泰反复阅读《福音》，直到能完整背诵；英国艺术家约翰·罗斯金的母亲强迫他每天花很长时间辛勤背诵《圣经》中的段落，而且要求他每年都要大声诵读《圣经》，“从《创世记》到《启示录》，每个单词，包括那些拗口的人名、地名都要大声地诵读”。正是得益于如此严格的训练和刻苦的学习，罗斯金作品的品位与风格才能在文学史上独树一帜。

“R. L. S.” 据说是英语中最受欢迎的缩写了，这是苏格兰小说家罗伯特·路易斯·斯蒂文森的姓名首字母。而他的确是作家中的作家，那么，他赖以成名的独特文风是怎么形成的呢？很幸运，他向我们讲述了下面这则故事。

只要读到自己喜欢的书或文章，有的叙述清楚、观点得当，有的言语鲜明、风格独特，不管何时，我都会立即坐下来模仿其特色。一遍不行，两遍；两遍不行，再来一遍。可能很多时候我的模仿并不成功，但是这些看似徒劳的练习至少让我在节奏感、协调性、谋篇布局以及连贯性等诸多方面得到了良好的锻炼。

我曾模仿过许多人的文风，其中包括威廉·哈兹利特、兰姆、华兹华斯、托马斯·布朗爵士、笛福、霍桑以及蒙田的。

不管喜欢与否，写作的学习方法就是这样；不管我是否从中获益，写作的学习方法也是这样。这也正是济慈学习写作的方法，而此前不曾有比济慈更具文学气质的人。

然而，这些仿拟之作，及其无法模仿的范本，非常精妙，时至今日仍闪耀着光芒，让人可望而不可即。谁愿意尝试，尽管来，就等着失败吧。俗话说得好：失败是成功之母。

说了不少名人逸事，如何给语言润色的窍门也就有了。林肯曾写信给一位渴望成为成功律师的年轻人："只有一个办法，那就是找到书籍然后认真阅读研究。学习、学习、再学习，这一点至关重要。"

那么，我们该读什么样的书呢？不妨先从阅读英国小说家阿诺德·班尼特的《如何度过每日 24 小时》开始。读完这本书你会觉得像冲过一个冷水澡那样刺激。这本书中讲的话题非常有趣，跟你紧密相关。它会告诉你，每天你浪费了多少时间，以及应该如何安排时间。全书只有 103 页，你一个星期就能轻松地读完。你可以每天早上从书上撕下 20 页，把它们揣在裤袋里，然后利用早报的 10 分钟时间读完，就不需要像往常那样读上二三十分钟的早报了。

托马斯·杰斐逊曾写道："我现在已经不看报纸了，而是把读报的时间用来阅读古罗马历史学家塔西佗、古希腊历史学家修昔底德、牛顿和欧几里得的著作。我觉得这样更快乐一些。"学学杰斐逊的法子，把你看报纸的时间削减一半，你会发现自己变得更快乐、更聪明。至少你可以用一个月的时间进行尝试，把时间用在阅读更有价值的书籍上，这对你来说轻而易举吧？为什么不在你等电梯、等公交、等上菜和等约会的时间里，读几页随身携带的书呢？

每天 20 页，读完后再撕 20 页，等你把这本书撕完了，再用一根橡皮筋把散页捆起来。虽然"肢解"书籍有些残忍，但你脑子里能装进不少东西，这总比你把它们原封不动摆在书架上要好得多吧？

读完了这本《如何度过每日 24 小时》，你可能会对本书作者的另一部作品《人体机器》感兴趣。这本书能让你在为人处世方面更加成熟，让你变得沉着冷静、举止优雅。推荐这两本书不仅是因为其内容有趣，其行文技巧同样值得借鉴。此外，它们还能拓展你的词汇量并提升你的措辞水平。

此外，还有几本书也值得推荐：弗兰克·诺里斯的《章鱼》《陷阱》，这是美国历史上最好的两本小说。第一本描写发生在加利福尼亚麦田里的骚乱和悲剧；第二本则刻画了芝加哥交易所的小麦投机买卖。托马斯·哈代的《德伯家的苔丝》是史上最美的故事之一。纽厄尔·德怀特·希利斯的《人的社会价值》（*A Man's Value to Society*）以及威廉·詹姆斯教授的《与师者说》（*Talks to Teachers on Psychology*）也值得一读。安德烈·莫鲁瓦的《雪莱生平》、拜伦的《恰尔德·哈罗尔德游记》和罗伯特·路易斯·斯蒂文森的《驴游天下》同样也应该列入你的书单。

拉尔夫·沃尔多·爱默生也应与你每日为伴。首先推荐你读读他的佳作《论自助》，此处不妨读一下：

> 表露你内心蛰伏的信念，它便具有广泛的意义；由于潜藏在深处的思想终会被层层剖出——我们的初衷终将在审判日得到回应。尽管每个人都通晓其内心所思所想，但是我们以为，摩西、柏拉图和弥尔顿最了不起的功劳是他们鄙弃书本和传统，他们论及的不是众人所言，而是自己的思想。人应该学会的是捕捉、察看各自思想的光芒，而不是沐浴在诗人和圣人的恩泽之下。但是，人们不假思索地摈弃自己的思想，只因为它源于“卑微”的自己。每一部天才的作品中，我们都可以找到我们摈弃的思想：它们带着某种熟悉的陌生感回归。伟大的艺术作品让我们感触至深的便是，要以最温和而又最执着的态度服从自发的感想，即使与之对立的见解正甚嚣尘上。否则，明天就会出现某个陌生人，他会以惊人的判别口气谈及我们曾想到、感受到的想法，而我们只好惭愧地从他人手中接收我们自己的想法。

每个人在受教育的过程中终会意识到：妒忌是无知，模仿是自杀。不论好歹，每个人都必须接收属于自己的那一份，辽阔的世界里固然充满珍馐美味，但是只有从给予他耕耘的那一片土地里，通过辛苦劳动收获的谷物才富有养分。富于他体内的气力，本质上是新生的气力。只有他自己才知道他能干什么，而且他也只有在尝试之后才能知晓。

后面还有更为经典的。有人曾请亨利·欧文列出他认为最好的100本书，他这样回应道："在我罗列之前，我首先要推荐的是《圣经》和《莎士比亚全集》。"亨利·欧文先生说得没错，你应该把报纸放在一边，经常品读一下这两部文学著作，然后说："尊敬的莎士比亚先生，今晚咱们聊聊罗密欧和朱丽叶的爱情吧？接着再探讨下麦克白的雄心吧？"

这样做有何收获？你的措辞水平将在潜移默化中逐渐得到提升，别人甚至能在你谈吐之间看到与你终日相伴的大家风采。歌德曾说过："告诉我你读了哪些书，我就知道你是怎样一个人。"

我推荐的这个读书计划并不会占用你多少时间，关键在于你是否能坚持，是否能合理安排时间。《爱默生文集》和莎士比亚剧作都能买到袖珍本，一本不过50美分而已。

马克·吐温如何提升措辞水平

那么，马克·吐温的语言功底是如何练就的呢？年轻时，他曾搭乘慢腾腾的马车从密苏里游历至内华达，这段行程异常艰苦，拥挤的车厢里不仅挤满了

人，还载着人畜的食物和饮用水，这辆超重的马车稍有不慎就会酿出灾难。尽管行李都是计重收费，马克·吐温还是随身携带着一本《韦氏英语大辞典》，艰险的旅途中，他至少能以书为伴。他想成为语言大师，于是他凭着自己的判断，鼓足勇气去达成一切成为语言大师所必需的先决条件。

英国政治家皮特父子曾逐字逐句地把“韦氏词典”读了两次；勃朗宁每天也会翻阅词典，他觉得乐在其中；林肯的传记作者曾说过：“林肯会借着夕阳的余光阅读词典，直至完全看不见才肯作罢。”这些并非个例，所有杰出的作家和演说家都会这么做。

伍德罗·威尔逊的语言造诣非凡，譬如他的《对德宣战书》中的一些文字，绝对可以在文坛占有一席之地。此处不妨看一则他如何学习驾驭文字的故事：

> 我的父亲决不允许家里有人出现语言表达错误，哪个孩子出现口误他会立即加以纠正，哪个单词不认识他会立即解释，他也鼓励我们在日常会话中使用这些生词以便加深记忆。

有一位纽约的演说家向来以表达铿锵有力、语言自然优美著称。最近在一次交谈中他透露了自己用词精当的秘诀。每当在阅读或谈话中碰到一个不熟悉的词，他都会记在自己的备忘录里，然后晚上就寝之前，他去翻阅词典并掌握该词。如果恰逢某天他没有碰到新单词，他就会看一两页冯纳尔德的《近义词、反义词和介词》，然后注意那些看似意思一样的同义词之间的细微差别。他的口号是“每天学会一个新词”。这就意味着，每年他能增加365个新的表达工具。这些生词都收录在一个袖珍笔记本上，每天一有空，他就会复习这些生词。他发现，一个生词只要使用3次，就完全掌握住了。

文字背后的浪漫故事

使用词典不仅可以弄清楚词义，还可以找到它的演变，在其释义后面的括弧里可以看到它的起源与历史。千万不要觉得你每天用的词只是一个个单调乏味的声音而已，它们背后的故事非常精彩。即使是“Telephone the grocer for sugar（打电话给杂货店老板买点糖）”这样一句话，你也免不了使用从不同语系和文化引入的外来词。电话（telephone）这个词是由两个希腊语单词组成的，“tele”表示距离远，“phone”表示声音。“grocer”这个单词源自古法语中的词“grossier”，字面意思是“从事批发或大宗商品交易的人”。“sugar”这个词也是来自法语，而这个法语单词又取自西班牙语，而对应的西班牙语单词则是从阿拉伯语中借鉴而来，这个阿拉伯语又是从波斯语中引入的，波斯语中的“shaker”是从梵语中的词“carkara”演变而来，意思是“糖果”。

“公司（company）”这个词起源于古法语中的“companion”，这个词由“com（和……在一起）”和“panis（面包）”组合而成，“companion”就是和你分享面包的人。那么“company（公司）”实际上指的是“合作生产面包的一群人”。“薪水（salary）”字面意思指的是“买盐的钱”。罗马士兵会领到用来买“盐（salt）”的军饷，然后有个人戏称自己的全部收入为“salarium”，于是这个词就成了一个俗语，慢慢地又为英语所吸收。“书（book）”源自“beech（山毛榉）”，因为在很久以前，盎格鲁－撒克逊人把文字刻在山毛榉树上或是山毛榉树做成的木片上。“美元（dollar）”来自“村落（valley）”，最早的“dollar”

出现在16世纪圣约阿希姆的一个村落里。

“Janitor（看门人）”和“January（一月）”这两个词都取自伊特鲁里亚铁匠的名字“Januariu”，这个铁匠住在罗马，专门制作门锁和门闩。他去世之后，人们把他奉为神明，相传他拥有两张脸，能同时察看前后两个方向。而1月正是处在岁末年初、新旧交替的时候，因此就从他名字“Januariu”中演化出了“January”，或是古罗马月份中的“Janus”。所以，现代英语中的“January”和“Janitor”两个词实际上是为了纪念一名生活在公元前1 000年的铁匠。

7月这个英文单词“July”是以尤利乌斯·恺撒（Julius Caesar）的名字来命名的。而罗马第一位皇帝奥古斯都（Augustus）不甘落后地用自己的名字来命名一年中的第八个月份，这就有了“August”这个词。但是，当时8月只有30天，奥古斯都不甘心以自己名字命名的月份比以尤利乌斯·恺撒的名字命名的月份少一天，于是他从2月中拿了一天加到8月中。所以，如今家家户户挂着的日历实际上就是奥古斯都的“虚荣罪证”。说实话，你会发现单词的历史非常有趣。

不妨找一本大词典查一查下列单词的词源：atlas（地图册）、boycott（抵制）、cereal（谷物）、colossal（巨大的）、concord（和谐一致）、curfew（宵禁）、education（教育）、finance（金融）、lunatic（疯子）、panic（恐慌）、palace（宫殿）、pecuniary（金钱上的）、sandwich（三明治）、tantalize（引诱）。找找这些词背后的故事，你会发现它们极富传奇色彩，而且非常有趣。当你真正了解这些词背后的历史时，你一定会带着热情和喜悦去使用它们。

改写一百零四次

努力做到表达精确，要让内心深处最微妙的念头纤毫毕现。其实要做到这一点并不容易，即使对于那些经验丰富的作家来说也是如此。美国小说家范尼·赫斯特告诉我，有时候她会一句话反复修改 50~100 遍。她说，就在我们谈话前几天，她数了一下，有一句话她修改了104遍。另一位女作家梅伯尔·赫伯特·厄娜向我透露，为了修改将在各大报刊同时发表的短片故事中的一两句话，她常常会耗费整个下午的时间。

作家古弗尼尔·莫里斯曾描述美国新闻记者理查德·哈丁·戴维斯是如何力求达到用词精准的。

他作品中的每个词语都是经过千挑万选、反复推敲后才得以留存下来的。每个词、每段话、每页文字，甚至整个故事，都要经过一遍又一遍的修改和推敲。他修改的原则是排除法。要是他想描述一辆拐进大门的小汽车，他会首先写出一个长句，而且描写非常细致，不会漏掉任何一处细节，然后，他开始把刚才辛辛苦苦回忆起来的这些细节一个接一个地删除，每删除一处细节，他就会问自己："那个画面还在吗？"如果答案是否定的，他就会保留这处细节，然后继续拿别的细节开刀，就这样点滴斟酌，直到最后为读者留下一个一闪而过但印象深刻、所有细节都包括在内的画面。正是因为遵循这一严格筛选的原则，他的作品才具有如此超凡脱俗的魅力，并一直为人所钦佩。

在我们中，不少人即使有时间也没有像理查德·哈丁·戴维斯这样的耐心去做。下面这些例子将告诉你，在成功作家的眼中，措辞得当以及表达合理有多么重要，希望这些例子能提高你运用英语的兴趣。当然，对于那些说话犹豫半天，支支吾吾一阵子却又找不到合适的词来表达自己想法的人，这些例子可能显得有些不大实用。但是，正因如此，他们更应该在日常交际中不断锻炼和提高自己表达的精确性，并逐步演变成一种无意识的常态。然而，他们是这样做的吗？很可惜，不是。

据说弥尔顿常用的词汇大约有 8 000 个，莎翁常用的有 15 000 个。一本正规的词典收录的词汇最少有 50 000 个，最多可达 500 000 个。但是据统计，一般人常用的词汇大约只有 2 000 个。有的人脑子里只装得下一些动词、几个常用的连词、一堆名词和一些老掉牙的形容词。这说明什么？要么是他太懒，要么就是工作太忙，所以没时间去训练和提高自己的表达能力。那结果怎么样呢？我们不妨看个例子。有一次，我在科罗拉多大峡谷度过了令人难忘的几天。一天下午，我听到一位女士在描述一只松狮犬、称赞《管弦乐精选集》、歌颂一位绅士的品格以及赞美大峡谷时，竟然无一例外地都使用了同一个形容词——“美丽（beautiful）”。

那么，她应该怎么说呢？英国学者罗杰特列出了“美丽（beautiful）”的近义词，你认为她应该使用哪些词？

形容词：

肌肤胜雪、眉目如画、花容月貌、貌美如花、如花似玉、冰清玉洁、明艳动人、人见人爱、倾国倾城、沉鱼落雁、闭月羞花、人间尤物、出尘脱俗、白璧无瑕、美艳绝伦、杨枝玉露、美轮美奂、楚楚可人、人淡如菊、娇艳如花、尽善尽美、美若天仙、温文尔雅、品貌端庄、丽质天成、窈窕淑女、天姿绝色、国色天香、语笑嫣然、风姿绰约、粉脂凝香、风华绝代、含苞待放、玲珑剔透、娇艳欲滴、出水芙蓉、容光焕发等。

以上这些词[①]都收录于罗杰特的《词汇宝库》，是精编本。这本书用处很大，对我的写作来说必不可少。我甚至发现参考这本书的频率是使用词典的10倍。

为了这本书，罗杰特付出了多年艰辛的劳动！而现在你只要花一条廉价领带的钱，就可以把这本书买回家，放在案头，让你终身受益。这是一个应该经常使用的工具。在准备演讲稿、为其润色时你可以使用它；在写信、打报告时你也可以使用它。每天使用这本书，你运用文字的能力会有大幅提升。

避免陈词滥调

表达不仅要准确，还要新颖独特。看到什么、想到什么，要有说出来的勇气，你就是它们的主宰。比如，在洪荒之后，某位先贤使用了一个新颖的比喻：像黄瓜一样冰凉。这个比喻非常棒，因为这种说法很新鲜，这个比喻甚至一直沿用到了巴比伦时期，并出现在著名的伯沙撒盛宴的演讲中。然而对那位原创者而言，若几百年后还有人在重复自己的老话，想必他也一定会觉得有点儿惭愧吧？下面有许多表达“冰凉”的比喻，从表达效果上来说，它们和“黄瓜”如出一辙，但比这老掉牙的说法要新鲜得多，也更容易让人接受。

跟青蛙一样冰凉。

跟隔夜的热水袋一样冰凉。

跟通条一样冰冷。

跟墓碑一样冰冷。

---

① 以上词语均借用了中文词汇翻译和表达，被《词汇宝库》收录的是指原英文词汇。——编者注

跟格陵兰的冰山一样寒冷。

跟泥土一样冰凉。——柯勒律治

跟乌龟一样冰凉。——理查德·坎伯兰

如飘雪一般冰冷。——阿兰·坎宁安

跟盐巴一样冰凉。——詹姆斯·胡尼克

跟蚯蚓一样冰凉。——莫里斯·梅特林克

像黎明时分一样寒冷。

像秋雨一样凉。

每个人的感觉是不同的，你可以凭自己的兴趣造出一些表达“凉意”“寒冷”这个意思的比喻，要有特立独行的勇气。我曾经问过小说家凯瑟琳·诺里斯，如何才能形成自己的风格？她回答道：“熟读经典著作，还要把你作品中那些陈词滥调统统消灭。”

一位杂志编辑曾经跟我说过，只要他看到一篇投稿文章中有两三个老掉牙的词，他立马会把它退给作者，不会再在上面浪费时间，因为他认为，一个表达上缺乏创意的人其思想多半也会缺乏原创。

小 结

1. 我们与这个世界只有 4 种关联方式。同样，别人也是通过 4 个方面对我们加以审视和归类：工作、外表、言谈以及言谈的方式。在哈佛大学担任过 30 多年校长的查理·艾略特博士曾说过：“我认为，不论男性还是女性，心理习得都是他们所受教育的必然组成部分，也就是说，能准确体面地使用母语。”

2. 从你的措辞能看出你与什么人为伍。所以你要学学林肯，与那些文学大家为伴。晚上没事的时候像林肯那样，与莎翁以及其他的伟大诗人、作家进行精神上的交流。慢慢地，不经意间，你的思想会得到充实，词汇量会增加，你的文字也将显露出与你终日相伴的那些大家的风采。

3. 托马斯·杰斐逊写道："我现在已经不看报纸了，而是把读报的时间用来阅读古罗马历史学家塔西佗、古希腊历史学家修昔底德、牛顿和欧几里得的著作。我觉得这样更快乐一些。"你为什么不学学杰斐逊的办法呢？你也不用一点报纸都不看，但你可以把读报纸的时间减少一半，用来读一些传世佳作。每天从这些书上撕下二三十页，放在口袋里，有空的时候就读一读。

4. 读书的时候手边要有一本词典，遇到生词就查一查。想办法使用这个生词，这样能帮助你巩固记忆。

5. 研究一下词源。词汇的历史并非干巴巴的、了无生趣的，而是通常与浪漫故事相生相伴。比如"薪水（salary）"这个词本义指的是"买盐的钱（salt money）"，罗马士兵会领军饷用来买盐，有一天一个诙谐的人戏称自己的全部收入为买盐钱，由此形成了这样一个俗语。

6. 不要使用陈腐的词汇。意义的表达要准确恰当。在自己的案头放上一本罗杰特的《词汇宝库》，经常查阅。不要看到什么都只会说"美丽"，你可以使用"美丽"一词的近义词，如肌肤胜雪、眉目如画、花容月貌、貌美如花、如花似玉、冰清玉洁等，这些词会让你的表达更准确，也更新鲜。

7. 不要再使用诸如"像黄瓜一样冰凉"之类的陈腐比喻，要敢于创新。自己去创造比喻，要有特立独行的勇气。

译后记

戴尔·卡耐基先生完成于1912年的这本名著，原名为《公众演讲及其对商界人士的影响》(*Public Speaking and Influencing Men in Business*)，精装版销量已逾100万册，且被译成了20多种语言，后应广大读者之需而数次再版，并定名为《如何培养自信及通过公众演讲影响他人》(*How to Develop Self-confidence and Influence People by Public Speaking*)[①]。该书在世界上影响之巨，真可谓演讲者的《圣经》！然而，其中译本的出现不仅较晚，而且此前未见有真正意义上的全译本。

翻译较晚的原因之一在于该书中随处可见大量真实的演讲案例，而其内容覆盖各行各业，当中有神学演讲、文学演讲、议会演讲、就职演说、医学演讲、哲学演讲等，加之演讲者因各自的背景及所处场合不同而语言风格迥异；此外，卡耐基先生还在书中旁征博引大家之言、诗歌散文等。这些在一定程度上均给翻译带来了诸多“不便”，而又因译者个人的价值取向、翻译目的等差异而向读者呈现不同的“卡耐基”！

在读者眼前的这一版本中，我们力争展现些许自己的特点，尽力为喜爱且

① 本书版本使用《魅力口才与演讲的艺术》作为书名。

有志于演讲之人提供另一种阅读选择。

既然是翻译，那么译文至少应遵循的便是原文，即翻译应当保证准确性或忠实度。而要最大限度地做到这一点，译者在文字转化的过程中，就应力所能及地对语言风格细加斟酌。

在着手该书的重译之前，译者喜得原书的两个“全译本”，分别出版于2011年和2015年。作为后来的译者，我们对“前任（人）”充满着无限的崇敬之情。在比读原文和这些译本的过程中，我们出于个人理解、心态等原因，也发现其中存在些许不尽如人意的现象（漏译、节译、编译、误译等），如某译本将福煦元帅的著名电报（My center gives way. My right recedes. The situation is excellent. I shall attack.）译为：“形势极佳，你令指挥部和我的权力屈服了，我准备还击。”该译不仅存在漏译，其行文也体现不出电报的简明性以及说话人（即军人）的铁血作风。是故，本书将其调整为：“中军溃败，右翼后撤，形势大好，吾将反攻。”

有的地方，原文非常清晰，可惜有的译本中的表述依然不够易懂。如：

原 文：William Jennings Bryan，battle-marked veteran that he was，admitted that in his first attempts，his knees fairly smote together.

某译本：前国务卿威廉·詹宁斯·布莱恩，是个打过仗的老兵，他说他头几次进行公开演讲时曾经“两股战战”。

且不说原文第一个“that”在此表达的是“让步”关系，“两股战战”一说恐怕知道的人不多。遂处理为：

美国前国务卿威廉·詹宁斯·布莱恩，尽管曾是一名久经沙场的老兵，但他也不得不承认自己前几次进行公开演讲时，吓得两腿发抖。

再说一下象声词。

原文：It made a constant uproar and the neighbors called it the “blab school”.

译本 1：整间教室喧嚣四起，周围乡邻因此戏称它为“鸟巢学园”。

译本 2：学校周围的居民都把这所学校叫作“广播学校”。

相比之下，前者（鸟巢）比后者（广播）更能让人产生联想，但“学园”似乎过于雅致；“广播”一词与原文相去甚远，兴许当时并没那玩意儿！以译者浅见，作为象声词，blab 应予以体现，否则四周的人就不会给它那个“雅号”了。鉴于此，我们“调侃”为：整间教室喧嚣四起，周围乡邻因此戏称它为“哇哇叫学校”。

作为现译本的特点之一，译者坚持凡原文带韵，译文必从之。不妨再看一则：

原文：The tyro usually trusts to the inspiration of the moment with the consequence that he finds：Beset with pitfall and with gin，The road he is to wander in.

某译本：演讲新手通常只相信瞬间的灵感，然而最后却发现“前路漫漫，荆棘满布”。

鉴于 gin 和 in 构成韵脚，我们自知再现很难，但仍力主适当反映，于是处理为：演讲新手通常轻信瞬间的灵感，结果发现“漫漫前路，陷阱密布”。

针对原文一些数字，各译本的处理也是自有不同。现就其中一处略述己见：

原文：...just twenty-three words：“A situation has arisen in the foreign relations of the country of which it is my plain duty to inform you very frankly.”

译本 1：……仅用 24 个字：“现在，我有责任就当前的国际情形向在座的各位坦诚相告。”

译本 2：……只用了寥寥数语：“我们的外交领域出现了一些状况，职责所系，我必须对各位坦诚相告。”

译文各有千秋，原文“twenty-three”却变成了“23+1”和“寥寥数语”：相比之下，前者可谓“说话算‘数’”，而后者看似走了“捷径”（23+5）！我们的想法是："twenty-three"是可以等于"23"的！如：……只用了23个字："我国外交出现些许状况，因职责所在，我向诸位坦诚相告。"

话说回来，限于时间，更限于我们自身的水平，读者前面见到的译文一定存在诸多尚待完善的地方。但我们有理由相信，若有更多的读者和译者关注并参与翻译工作，更为优秀的译文一定会在不久之后出现。

图书在版编目 (CIP) 数据

魅力口才与演讲的艺术 / (美) 戴尔 · 卡耐基 (Dale Carnegie) 著；曹顺发，高楠译 . — 3 版 . — 北京：中国法制出版社，2023. 9

书名原文：How to Develop Self-Confidence and Influence People by Public Speaking

ISBN 978-7-5216-2995-8

Ⅰ. ①魅… Ⅱ. ①戴… ②曹… ③高… Ⅲ. ①口才学 ②演讲 Ⅳ. ① H019

中国版本图书馆 CIP 数据核字 (2022) 第 229245 号

策划编辑：杨　智（yangzhibnulaw@126.com）

责任编辑：刘　悦　　封面设计：汪要军

魅力口才与演讲的艺术

MEILI KOUCAI YU YANJIANG DE YISHU

著者 /[美] 戴尔 · 卡耐基 (Dale Carnegie)

译者 / 曹顺发　高　楠

经销 / 新华书店

印刷 / 三河市紫恒印装有限公司

开本 / 710 毫米 ×1000 毫米　16 开　　印张 / 12.75　字数 / 176 千

版次 / 2023 年 9 月第 3 版　　2023 年 9 月第 1 次印刷

中国法制出版社出版

书号 ISBN 978-7-5216-2995-8　　定价：42.80 元

北京市西城区西便门西里甲 16 号西便门办公区

邮政编码：100053　　传真：010-63141600

网址：http://www.zgfzs.com　　**编辑部电话：010-63141819**

市场营销部电话：010-63141612　　**印务部电话：010-63141606**

（如有印装质量问题，请与本社印务部联系。）